VEGGIE FAST FOOD

REZEPTE CLARISSA & FLROIAN SEHN | **FOTOS** MARIA BRINKOP

VEGGIE FAST FOOD

80 vegetarische Rezepte auf die Hand

CHRISTIAN

PIZZA & CO.

Seite 108

Alle lieben Pizza! Wir natürlich auch und möchten mit einigen kreativen Ansätzen überraschen. Aber auch für Flammkuchen oder Lahmacun findet man hier ein fleischloses Rezept.

DIPS, SAUCEN & CO.

Seite 128

Gutes Fast Food lebt auch von den jeweils passenden Dips und Saucen. Mal pikant, mal fruchtig-süß – hier ist für jeden Geschmack etwas dabei.

BRÖTCHEN & CO.

Seite 158

Bei uns muss es schnell und einfach gehen. Deswegen lassen wir unsere Backwaren größtenteils im Ofen gehen und versuchen mit unserem Allround-Teig auf kleinliche Zutatenänderungen zu verzichten.

DRINKS & CO.

Seite 176

Damit aufkommender Durst nicht das Gesamtbild trübt, bieten wir Rezepte für die zwei erfrischenden Klassiker – Cola und Limonade – in neuem Gewand.

VORWORT: WIR, WARUM UND WIE?

Was ist der ausschlaggebende Grund, ein Kochbuch zu schreiben? Ganz klar: die Lust am Kochen. Was uns im Speziellen dazu bewegte, ein Buch über vegetarisches Fast Food zu schreiben, erzählt folgende kleine Geschichte:

Clarissa hat sich schon lange dem fleisch- und fischfreien Leben zugeschrieben, war aber zum Glück mit genügend Akzeptanz gesegnet, um sich in Florian zu verlieben. Für ihn war damals eine Speise ohne Fleisch lediglich eine Beilage, und Fast Food gehörte zum täglichen Leben. Da Florian jedoch eine nicht zu bändigende Lust am Kochen entwickelte und dabei natürlich Rücksicht auf seine neue Liebe nahm, bekam er unausweichlich Einblicke in die vegetarische Küche und lernte sie schätzen und genießen. Da beide, beruflich bedingt, oft erst spät zusammenkamen, aber dennoch nicht auf ihre gemeinsamen Kochabende mit selbstzubereiteten Köstlichkeiten verzichten wollten, entwickelte sich ein Hang zur schnellen Küche. Florian wünschte sich für weitere Inspirationen ein Kochbuch zum Thema „Vegetarisches Fast Food", wurde allerdings nicht fündig. So kam eins zum anderen und dann irgendwann dieses Kochbuch. Hier haben beide ihre liebsten Rezepte und Gerichte verewigt.

VEGETARISCH OHNE TOFU

Der eingefleischte Allesfresser neigt beim Schlagwort „Vegetarismus" sofort dazu, an Tofu zu denken. Und warum sollte man es ihm verübeln? Ist es doch für viele frisch gewordene Vegetarier gang und gäbe, Wurst, Fleisch und Fisch gegen Tofu und andere Ersatzprodukte auszutauschen. So werden zum Beispiel aus Fischstäbchen Tofustäbchen, und die Bolognese besteht aus feinen Tofuschnetzeln. Aber warum? Mit der unzähligen, erhältlichen Auswahl an Hülsenfrüchten sowie Gemüse-, Obst- und Käsesorten sollte man gut versorgt sein, um auch ohne Tofu oder Saitan vollwertig und lecker kochen zu können.

Darum möchten wir in unserem Kochbuch darauf verzichten und zeigen, was dennoch an Vielfalt möglich ist. Lust auf ein Schnitzelbrötchen? Probieren Sie doch mal die Version mit panierten Austernpilzen (siehe Rezept Seite 49). Oder ersetzen Sie doch einfach mal das Hotdog-Würstchen durch eine Möhre (siehe Rezept Seite 94). Wir wünschen Ihnen viel Spaß beim Probieren und einen guten Appetit.

DIE DEFINITION VON FAST FOOD

Was ist Fast Food? Einfach ausgedrückt: schnell essbar und schnell zubereitet. Das Ziel von Fast Food ist es, die Nahrungsaufnahme zu vereinfachen, um der schnelllebigen Zeit gerecht zu werden. Die kurze Mittagspause lässt sich doch viel effektiver gestalten, wenn man sich schnell ein Sandwich auf die Hand holt und dies beim Schlendern durch die Fußgängerzone genießt.

Spontan und ohne viel Zeitaufwand kann man sich auch für Döner, Burger oder Currywurst entscheiden und ist dabei nicht abhängig von Tischreservierungen, langsamen Bedienungen oder langen Wartezeiten. Ob man das Essen dann vor Ort, beim Laufen, auf der Parkbank oder zu Hause zu sich nimmt, ist einem selbst überlassen.

FAST FOOD UND VEGETARISMUS

Das schnelle Essen wird von Tag zu Tag beliebter, dennoch findet ein Wandel statt. Jahrzehntelang regierten die allseits bekannten Fast-Food-Monopole den Markt und boten uns nur wenig Auswahl und Ausweichmöglichkeiten. Mit der Zeit wurde der Vegetarismus immer beliebter, der Drang nach einem gesünderen Leben immer stärker und ist nun mit der „veganen Welle" endgültig fester Bestandteil der Gesellschaft. So ist es unausweichlich, dass nicht nur die „Großen" vegetarische Alternativen auf ihren Speisekarten anbieten müssen. Immer mehr kleine und unabhängige Fast-Food-Läden öffnen die Türen und bieten neben dem Standardrepertoire auch fleischfreie und „tierfreie" Leckereien an. Dadurch heben sie merklich die Auswahl, aber auch den Anspruch an vegetarisches und veganes Fast Food. Langsam zerbröckelt das ungesunde Image, und der Griff zur schnellen Mahlzeit muss nicht zwingend für ein schlechtes Gewissen sorgen.

DIE GESCHICHTE DER SCHNELLEN ESSKULTUR

Ausgrabungen beweisen, dass es schon Anfang des Jahrtausends im alten Pompeji Schnellrestaurants gab. Im sogenannten Thermopolium waren Tontöpfe in Vertiefungen in einem Tresen aus Stein eingelassen und hielten dort vorbereitetes Essen aus Linsen, Bohnen und Erbsen warm und für die hungrige Kundschaft bereit. Aber auch in anderen Ländern, wie zum Beispiel China, gab es schon früh Straßenverkäufe, die mit den heutigen Imbissbuden vergleichbar sind.

Einen Aufschwung erlebte Fast Food durch die industrielle Revolution, die nicht nur für weniger Freizeit, sondern auch für mehr Berufstätigkeit bei Frauen sorgte. So blieb oft keine Zeit, die Nahrung zu Hause zuzubereiten, und man griff auf einen schnellen Imbiss zwischendurch zurück. Aus dieser steigenden Nachfrage entwickelte sich ein entsprechendes Angebot. Zum Beispiel gibt es Berichte von sogenannten „Lunch-Wagons", die von Pferden gezogen durch amerikanische Industriegebiete wanderten und schnelles Essen verkauften. Eine Wurstbude aus Regensburg gilt übrigens als ältestes Fast-Food-Restaurant Deutschlands. Sie bietet seit etwa 850 Jahren schnelles Essen an.

VEGANISIEREN

Selbst für Vegetarier wirkt die vegane Küche oft aufwendig, umständlich und dadurch abschreckend. Dabei sind oft nur kleine Änderungen vonnöten, um ein 100%iges tierleidfreies Gericht zu zaubern. Wie einfach dies sein kann, möchten wir durch die nachfolgenden Tipps und durch die jeweiligen Hinweise bei den Rezepten zeigen.

GRUNDLAGEN DES VEGANISIERENS

Butter: Eine hochwertige Pflanzenmargarine ist hier ein würdiger Ersatz.

Milch und Sahne: Mittlerweile gibt es hierfür sehr viele Alternativen auf dem Markt. Die gängigsten sind Soja-, Hafer- und Reismilch beziehungsweise -sahne. Der typische Sojageschmack mundet nicht jedem, daher empfehlen wir die Produkte auf Haferbasis.

Joghurt: Hier ist die Auswahl nicht ganz so groß. Dafür findet man die pflanzliche Alternative aus

Soja schon in fast jedem Supermarkt. Hierbei ist allerdings zu beachten, dass manche Sorten einen süßlichen Eigengeschmack haben und dadurch eventuell für salzige Dips nicht geeignet sind.

Mayonnaise: Eifreie Mayonnaisen gibt es in manchen Supermärkten, gut sortierten Bio-Läden, Reformhäusern und über vegane Versandshops. Oder einfach auf Seite 148 hier im Buch.

Käse: Für viele Käsesorten, wie zum Beispiel Gouda, Emmentaler, Mozzarella, Frischkäse und sogar Parmesan, gibt es mittlerweile Alternativen, die in gut sortierten Bio-Läden oder über Shops im Internet erhältlich sind. Die Qualitätsunterschiede sind hierbei sehr groß, da muss man ein bisschen probieren. Jeder muss für sich selbst entscheiden, welcher Käse ihm am besten schmeckt.

Ei: Wie man ein Ei ersetzt, hängt vom Rezept ab. Zum Beispiel kann man beim Zubereiten süßer Backwaren Apfelmus oder reife Bananen verwenden, um den Teig zu lockern. Zum Binden, zum Beispiel von Bratlingen, nimmt man pro Ei jeweils 2 EL Kichererbsen- oder Stärkemehl. Beim Panieren funktioniert ein dickflüssiger Teig gut, den man aus Mehl und Wasser zusammenrührt.

Honig: Wir empfehlen stattdessen Agavendicksaft oder Ahornsirup.

Hefeflocken: In der veganen Küche wird man früher oder später auf den Begriff „Hefeflocken" stoßen. Dabei handelt es sich um sogenannte Nährhefe in Flockenform. Sie besticht durch einen hohen Vitamin-B-Gehalt und ist als Würzmittel geeignet, da Gerichte dadurch einen käseähnlichen Geschmack bekommen und cremiger werden.

VEGAN-AMPEL

Zur schnelleren und leichteren Orientierung, welche unserer Rezepte vegan oder veganisierbar sind, haben wir jedes Rezept mithilfe unserer „Vegan-Ampel" farblich markiert.

Das Rezept ist vegan.

Dieses Rezept lässt sich leicht veganisieren.

Das Veganisieren erfordert ein komplett neues Rezept und/oder ist zu zeitaufwendig.

TIPPS FÜR DIE SCHNELLE KÜCHE

Wem, wie uns, nicht viel Zeit zum Kochen bleibt, seien folgende Tipps und Tricks ans Herz gelegt

1. Küche aufräumen
Mit viel freier Arbeitsfläche behält man den Überblick. So kocht es sich schneller und stressfreier.

2. Kenne das Rezept
Vor dem Kochen sollte man das Rezept mindestens einmal komplett durchgelesen haben. Dies erleichtert die Organisation und vermeidet spätere Fehler.

3. Zutaten zurechtlegen
Legt man sich alle für das Rezept notwendigen Zutaten vor dem Kochen zurecht, erspart man sich spätere Panik und Patzer. Öl, Salz und Pfeffer benutzt man eher häufig. Daher sollten sie in der Nähe der Pfanne oder des Topfes stehen. Dinge, die man selten benötigt, dürfen hingegen im Schrank ganz nach hinten geräumt werden.

4. Gute Ausrüstung
Fast nichts ist wichtiger für unkompliziertes und schnelles Kochen als eine gute Kochausrüstung. Für uns gehören neben Pfannen und Töpfen auf jeden Fall dazu:
1 großes Küchenmesser, 1 kleines Küchenmesser, 1–2 große Schneidebretter, Stabmixer, Universalzerkleinerer/Küchenmaschine, Pfannenwender, Kochlöffel, Schneebesen, Schüsseln in verschiedenen Größen, eine Küchenwaage und ein Wasserkocher.

5. Messer schärfen
Frisch geschliffene Messer schneiden besser. Darum empfehlen wir regelmäßig mit einem Schleifstein nachzuschärfen.

6. Universalzerkleinerer
Oft lassen sich Zutaten, wie zum Beispiel Zwiebeln, Karotten oder Paprika, schneller und sorgfältiger mit dem Universalzerkleinerer kleinschneiden als mit dem Messer. Hierbei sollte man aber nicht zu übereifrig sein, damit kein Gemüsebrei entsteht.

7. Wasser kochen
Mit dem Wasserkocher lässt sich Wasser schneller zum Kochen bringen als im Topf. Sobald es kocht, einfach umschütten.

8. Deckel nicht vergessen
Mit Deckel kochen, hält die Temperatur im Topf und spart dadurch Zeit und Energie.

9. Vorgekochte Zutaten
Natürlich sind frische Zutaten grundsätzlich vorzuziehen, aber wenn es schnell gehen muss, sorgt beispielsweise vorgekochte Rote Bete für eine nicht zu verachtende Zeitersparnis. Mittlerweile findet man solche Zutaten auch in Bio-Läden und muss so zumindest nicht auf Bio-Qualität verzichten.

10. Zweisamkeit
Zu viele Köche verderben bekanntlich den Brei. Aber wir finden: Solange die Küche Platz bietet, können Sie sich zu zweit hervorragend die Arbeit teilen.

WAS WIR NOCH LOSWERDEN WOLLEN

- Verwenden wir für ein Rezept getrocknete Kräuter oder Gewürze, dürfen Sie auch gerne frische verwenden.
- Verlangt ein Rezept ein Bund Kräuter, sprechen wir von der kleineren Supermarkt-Version und nicht von den großen Marktbünden, die es teilweise zu kaufen gibt.
- Backofentemperaturen variieren je nach Hersteller. Halten Sie bitte stets ein Auge auf Ihre Backwaren und vertrauen Sie unseren Zeitangaben nicht blind.
- Wir mögen Knoblauch, sind aber eher vorsichtig bei der Verwendung. Große Knoblauchfans dürfen die Menge bei entsprechenden Rezepten gerne erhöhen.
- Wir nehmen grundsätzlich frische Hefe. Wer die getrocknete Alternative verwenden möchte, ersetzt einen halben Würfel mit einem Tütchen Trockenhefe.
- Gemüsegrößen variieren stark. Wenn nicht anders angegeben, benutzen wir Gemüse in Standardgrößen.
- Es gibt zwei verschiedene Sojasaucen: Shoyu und Tamari. Wir verwenden ausschließlich Tamari. Diese wird ohne Zusatz von Weizen hergestellt und besitzt ein kräftigeres Aroma, ist dabei jedoch weniger salzig.
- Übrig gebliebene Dips können auch als Brotaufstriche verwendet werden.
- Wir verwenden meist Olivenöl zum Anbraten. Dies ist allerdings reine Gewohnheit. Falls Sie standardmäßig zum Beispiel Rapsöl verwenden, dürfen Sie gerne dabei bleiben.

SANDWICHES & CO.

Ob Frühlingsrolle, Döner oder Wraps …

… man isst sie ohne Besteck Doch sie zählen weder zur Kategorie der Burger noch zu Fingerfood. Die Vielfalt dieser Gerichte präsentiert das folgende Kapitel und unternimmt mit uns eine Reise durch verschiedene Länderküchen. Von Italien über Mexiko bis nach Asien.

TOMATEN-MANDEL-MINZE-CROSTINI

Die Crostinis sind nicht nur als Vorspeise geeignet: Mit einem grünen Salat als Beilage bekommt man ohne Probleme zwei Personen satt. Die herrliche Frische der Minze sorgt für das besondere Geschmackserlebnis.

ZUTATEN

Für etwa 15 Stück
Zubereitungszeit: 30 Minuten

80 g Mandeln
250 g Kirschtomaten
50 g in Öl eingelegte Tomaten
2 TL getrocknete Minze
1 Knoblauchzehe
1 TL Salz
frisch gemahlener Pfeffer
1 Baguette
4 EL Olivenöl

Tipp

Das Tomaten-Mandel-Minze-Püree verträgt sich auch hervorragend mit einer Portion Pasta.

1. Den Backofen auf 180 °C (Umluft) vorheizen. Für das Tomaten-Mandel-Minze-Püree die Mandeln grob hacken und in einer Pfanne ohne Öl rösten. Die Kirschtomaten waschen und mit den gerösteten Mandeln, eingelegten Tomaten, 2 EL des dafür benutzten Öls, Minze, Knoblauchzehe, Salz und Pfeffer in einem Mixer fein pürieren.

2. Das Baguette in 15 daumendicke Scheiben schneiden, mit Olivenöl bestreichen und auf ein mit Backpapier ausgelegtes Backblech legen. Die Baguettescheiben 7 Minuten im Backofen kross backen, herausnehmen und großzügig mit dem Tomaten-Mandel-Minze-Püree bestreichen. Für weitere 5 Minuten in den Backofen stellen, herausnehmen und servieren.

TOMATEN • MANDEL
MINZ • KROSTINI •

APFEL-ZWIEBEL-CROSTINI

Ein geschmackliches Orchester: Besser kann man das Zusammenspiel aus süßem Apfel, leicht scharfer Zwiebel, aromatischem Ziegengouda und duftendem Thymian nicht beschreiben.

ZUTATEN

Für etwa 15 Stück
Zubereitungszeit: 30 Minuten

3 rote Zwiebeln
1 Knoblauchzehe
7 EL Olivenöl
1 Apfel
100 g Ziegengouda
1 EL Honig
1 TL getrockneter Thymian
Salz
frisch gemahlener Pfeffer
1 Baguette

1. Den Backofen auf 180 °C (Umluft) vorheizen. Für die Apfel-Zwiebel-Mischung die Zwiebeln sowie den Knoblauch abziehen und fein würfeln. 3 EL Olivenöl in einer Pfanne erhitzen und die Knoblauch- und Zwiebelwürfel bei niedriger Temperatur glasig anschwitzen. Den Apfel waschen, vierteln, entkernen und zusammen mit dem Ziegengouda fein würfeln. Beides mit Honig und Thymian unter die Zwiebeln und den Knoblauch mischen. Mit Salz und Pfeffer abschmecken.

2. Das Baguette in 15 daumendicke Scheiben schneiden, mit dem restlichen Olivenöl bestreichen und auf ein mit Backpapier ausgelegtes Backblech legen. Die Baguettescheiben 7 Minuten im Backofen kross backen, herausnehmen und großzügig mit der Apfel-Zwiebel-Mischung bestreichen. Für weitere 5 Minuten in den Backofen stellen, herausnehmen und servieren.

Für die vegane Variante:

Der Veganer wird den Ziegengouda nicht vermissen. Anstatt Honig 1 TL Agavendicksaft verwenden.

Für die vegane Variante:
Sojajoghurt anstatt Naturjoghurt verwenden.

KNUSPRIGER AVOCADO-FRITTEN-BAGEL

Die meisten genießen Avocado frisch und roh aus der Schale. Für ein herzhaft belegtes Bagel-Brötchen panieren wir das Fruchtfleisch allerdings mit knusprigen Cornflakes und backen es anschließend im Backofen.

ZUTATEN

Für 2 Bagels
Zubereitungszeit: 40 Minuten

2 Avocados
150 g Naturjoghurt
120 g ungezuckerte Cornflakes
Salz
frisch gemahlener Pfeffer
Chiliflocken
12 Kirschtomaten
½ Bund Rucola
2 Bagels (siehe Rezept Seite 173)
1 Portion Zitronen-Cashew-Mousse (siehe Rezept Seite 135)

1. Den Backofen auf 180 °C (Umluft) vorheizen. Für die Avocado-Fritten die Avocados halbieren und den Kern entfernen. Jede Hälfte in vier gleich große Spalten schneiden. Den Naturjoghurt in einer flachen Schüssel glatt rühren. Die Cornflakes mit den Händen grob zerdrücken und in eine zweite flache Schüssel füllen.

2. Die Avocadospalten zuerst von allen Seiten im Joghurt wenden und mit Salz, Pfeffer und Chiliflocken bestreuen. Danach in den Cornflakes wenden und auf ein mit Backpapier ausgelegtes Backblech verteilen. Im Backofen 20 Minuten knusprig backen. Nach der Hälfte der Zeit die Spalten einmal wenden.

3. In der Zwischenzeit die Kirschtomaten waschen und in Scheiben schneiden. Den Rucola waschen und trocken schütteln. Die Bagels halbieren. Die Hälften großzügig mit der Zitronen-Cashew-Mousse bestreichen. Mit Tomatenscheiben und Rucola belegen. Die Avocado-Fritten aus dem Backofen nehmen, darauf verteilen und servieren.

TOAST HAWAII DELUXE

Seit den 50er-Jahren tollt dieses einfache Gericht durch die deutsche Küchenlandschaft. Wir lassen den obligatorischen Schinken weg und kreieren mit nur ein wenig mehr Aufwand eine Version, mit der man so manchen Gast beeindrucken kann. Wegen der geringen Sättigung empfehlen wir dieses Rezept als Vorspeise oder für den kleinen Hunger.

ZUTATEN

Für 4 Toasts
Zubereitungszeit: 30 Minuten

50 g Parmesan
1 TL Butter
1 TL Weizenmehl
150 ml Milch
Salz
frisch gemahlener Pfeffer
25 g gehobelte Mandeln
1 EL Tamari
4 Scheiben Ananas (aus der Dose)
8 Scheiben Toastbrot
(siehe Rezept Seite 174)
1/2 Bund Schnittlauch

Tipp

Die übrigen Toaststücke nicht wegschmeißen: In einer heißen Pfanne mit Olivenöl, Salz, Pfeffer und italienischen Kräutern lassen sich daraus prima Croûtons für einen Salat herstellen. Oder nehmen Sie sie nur als Knabbersnack (siehe Rezept Seite 64).

1. Den Backofen auf 180 °C (Umluft) vorheizen. Den Parmesan reiben. Die Butter in einem kleinen Topf zerlassen und unter Rühren das Mehl zufügen. Mit der Milch glatt rühren und zum Kochen bringen. Den Parmesan unter ständigem Rühren bei niedriger Temperatur gleichmäßig unterrühren. Mit Salz und Pfeffer abschmecken, zugedeckt warmhalten.

2. Die Mandeln in einer Pfanne ohne Öl rösten und mit der Tamari ablöschen. Die Ananas in einem Sieb abtropfen lassen. Mit einem großen Glas oder einer Tasse Kreise aus den Toastscheiben stechen und kurz im Toaster knusprig toasten. Die Toastkreise mit Ananas und den gerösteten Mandeln belegen. Mit der Parmesansauce beträufeln und im Backofen etwa 6 Minuten überbacken.

3. In der Zwischenzeit den Schnittlauch waschen, trocken schütteln und in kleine Röllchen schneiden. Die überbackenen Toasts aus dem Backofen nehmen, mit Schnittlauch bestreuen und, mit den restlichen Toastscheiben abgedeckt, servieren.

ARTISCHOCKEN-ZITRONEN-BUTTER-BAGUETTE

Die gekaufte Variante mit Kräuterbutter diente uns in jüngeren Jahren des Öfteren als schnell zubereitete Mahlzeit. Wir schwelgen in Erinnerungen und beleben das Kräuterbutter-Baguette mit dieser schnell zubereiteten Variante neu.

ZUTATEN

Für 1 Baguette
Zubereitungszeit: 20 Minuten

1 Knoblauchzehe
½ unbehandelte Zitrone
30 g Pinienkerne
130 g eingelegte Artischockenherzen
2 EL gehackte Petersilie
3 EL geriebener Parmesan
50 ml Olivenöl
25 g Butter
Salz
frisch gemahlener Pfeffer
1 Baguette

Tipp

Die Artischocken-Zitronen-Butter ist auch mit einer Portion Pasta ein Genuss.

1. Den Backofen auf 180 °C (Umluft) vorheizen. Für die Artischocken-Zitronen-Butter die Knoblauchzehe abziehen und würfeln. Die Zitrone heiß abspülen, den Saft auspressen und die Schale abreiben. Die Pinienkerne in einer Pfanne ohne Öl rösten und mit Knoblauch, Artischockenherzen, Petersilie, Parmesan, Olivenöl, Butter, Zitronensaft und -abrieb fein pürieren. Mit Salz und Pfeffer abschmecken.

2. Das Baguette jeweils im Abstand von etwa 3 cm mehrfach einschneiden und mit einem Messer großzügig mit der Artischocken-Zitronen-Butter füllen. Das Baguette auf ein mit Backpapier ausgelegtes Backblech legen und im Backofen für 5–7 Minuten knusprig backen. Herausnehmen und servieren.

Für die vegane Variante:
Pflanzliche Butter verwenden. Anstatt Parmesan etwas mehr Pinienkerne nehmen und mit Hefeflocken würzen.

HERZHAFTER FRENCH TOAST

In Deutschland ist diese süße Speise eher bekannt unter dem Namen „Arme Ritter". Da uns der Sinn jedoch nach etwas Pikantem und Herzhaftem stand, entstand dieses vegane Rezept, das uns geschmacklich in die orientalische Küche führt.

ZUTATEN

Für 8 Toasts
Zubereitungszeit: 40 Minuten

100 g Kichererbsenmehl
100 g Weizenmehl
1 TL gemahlener Ingwer
1 TL gemahlener Koriander
1 TL Kurkuma
2 TL Currypulver
½ gelbe Paprika
1 kleine Zwiebel
1 kleine Chilischote
½ Bund Petersilie
Salz
frisch gemahlener Pfeffer
8 Scheiben Toastbrot
(siehe Rezept Seite 174)
8 EL Olivenöl

1. Für den Teig das Kichererbsen- und Weizenmehl mit den Gewürzen in einer Schüssel vermengen. 300 ml lauwarmes Wasser zufügen und zu einem glatten Teig verrühren. Beiseitestellen.

2. Die Paprika waschen, entstielen, entkernen und fein würfeln. Die Zwiebel abziehen und fein würfeln. Die Chilischote längs halbieren, Stiel, Kerne und Zwischenwände entfernen und fein würfeln. Die Petersilie waschen, trocken schütteln und kleinschneiden. Alle Zutaten unter den Teig rühren und mit Salz und Pfeffer abschmecken.

3. Die Toastscheiben sorgfältig durch den Teig ziehen. Eventuell mit einem Löffel noch etwas Teig darauf verteilen.

4. Den Backofen auf 50 °C (Umluft) vorheizen. 1 EL Olivenöl in einer Pfanne erhitzen. Eine Toastscheibe von beiden Seiten knusprig braun braten, herausnehmen und im Backofen warmhalten. Mit den restlichen Scheiben genauso verfahren.

FRENCH
TOAST

TUNA
MoneyMail:COMMENT
49

NO-TUNA-SANDWICH

Thunfisch kommt uns nicht auf den Tisch. Aber dennoch verlangt es uns manchmal nach dem cremigen Geschmackserlebnis, welches mit einem Thunfisch-Sandwich einhergeht. Zum Glück lässt sich dies auch ohne die tierische Hauptzutat kreieren.

ZUTATEN

Für 2 Sandwiches
Zubereitungszeit: 20 Minuten

1 Dose Kichererbsen (Abtropfgewicht 240 g)
4 EL Mandel-Mayonnaise (siehe Rezept Seite 148)
2 Frühlingszwiebeln
2 Essiggurken
2 TL Dillspitzen
2 TL Tamari
1 TL Paprika-Chili-Würzsauce (siehe Rezept Seite 139)
Salz
frisch gemahlener Pfeffer
6 Scheiben Toastbrot (siehe Rezept Seite 174)
4 EL Ketchup
einige Blätter Eisbergsalat

1. Die Kichererbsen in einem Sieb abtropfen lassen. Mit der Mayonnaise mit einer Gabel oder Kartoffelstampfer gut zerdrücken, bis eine grobe Masse entsteht. Die Frühlingszwiebeln putzen, waschen und in feine Ringe schneiden. Die Essiggurken klein würfeln. Beides mit der Kichererbsenmasse verrühren. Dillspitzen, Tamari und Chilisauce unterheben, mit Salz und Pfeffer abschmecken.

2. Das Brot toasten, vier Scheiben mit jeweils 1 EL Ketchup bestreichen und mit etwas Eisbergsalat belegen. Darauf die Kichererbsenmasse verteilen. Jeweils zwei belegte Toasts aufeinanderlegen und mit einer letzten Scheibe Toast abdecken, sodass zwei dreistöckige No-Tuna-Sandwiches entstehen.

Serviertipp: Die Toasts mit einem scharfen Messer diagonal durchschneiden und, mit Zahnstocher fixiert, anrichten.

MANCHEGO-QUESADILLA

MIT WEISSE-BOHNEN-KAPERN-DIP

Quesadilla zählt zum mexikanischen Fast Food und besteht hauptsächlich, wie der Name es uns auch mitzuteilen versucht, aus Käse (spanisch: queso) und Tortilla. Wir verwenden den spanischen Schafskäse Manchego, den man an gut sortierten Käsetheken erhält. Wer eine Alternative sucht, darf auf Gouda zurückgreifen.

ZUTATEN

Für 3 Stück
Zubereitungszeit: 15 Minuten

150 g Manchego
½ Bund Schnittlauch
6 Weizentortillas (siehe Rezept Seite 162)
1 Portion Weiße-Bohnen-Kapern-Dip (siehe Rezept Seite 136)
Öl zum Braten

1. Den Manchego reiben. Den Schnittlauch waschen, trocken schütteln und in Röllchen schneiden.

2. Drei Weizentortillas mit dem Bohnen-Kapern-Dip bestreichen und den geriebenen Käse sowie die Schnittlauchröllchen darüberstreuen. Mit den restlichen Tortillas zudecken. Etwas Öl in einer Pfanne erhitzen. Die Tortillas nacheinander von beiden Seiten knusprig braten. Die Quesadillas vierteln und servieren.

Tipp

Für mehr Würze das Koriander-Minze-Chutney (siehe Rezept Seite 142) als Dip dazu reichen.

VIER-PILZE-WRAP

„Vier-Käse" ist uns zu gewöhnlich. Für unseren Wrap nehmen wir vier aromatische Pilzsorten, knackigen Rucola, würzigen Ziegengouda und herrlich frische Estragonsahne.

ZUTATEN

Für 4 Wraps
Zubereitungszeit: 30 Minuten

½ Bund Frühlingszwiebeln
2 Knoblauchzehen
100 g Champignons
100 g Shiitake
100 g Kräuterseitlinge
100 g Austernpilze
2 Handvoll Rucola
50 g Ziegengouda
2 EL Olivenöl
150 g saure Sahne
1 TL getrockneter Estragon
Salz
frisch gemahlener Pfeffer
4 Weizentortillas (siehe Rezept Seite 162)

1. Die Frühlingszwiebeln putzen, waschen und in feine Ringe schneiden. Die Knoblauchzehen abziehen und fein hacken. Die Pilze putzen und in gleich große Stücke schneiden. Den Rucola waschen und trocken schütteln, harte Stiele entfernen. Den Ziegengouda reiben.

2. Das Olivenöl in einer großen Pfanne erhitzen. Den Knoblauch und die Pilze bei hoher Temperatur 5 Minuten anbraten. Die Frühlingszwiebeln 2 Minuten mit anbraten. Zum Schluss die saure Sahne und den Estragon unterrühren und mit Salz und Pfeffer abschmecken.

3. Die Weizentortillas im Backofen kurz erwärmen, herausnehmen, mit Rucola belegen und die Pilzmasse darauf verteilen. Den Ziegengouda darüberstreuen, zusammenrollen und servieren.

Für die vegane Variante:

Die saure Sahne durch ungesüßten Sojajoghurt ersetzen. Anstatt Ziegengouda einfach veganen Streukäse verwenden oder ersatzlos streichen.

LINSEN-DAL-BURRITO

Ohne viel Aufwand und Zeit lässt sich dieser Burrito zaubern.
Die roten Linsen sind ein hervorragender Eisenlieferant.

ZUTATEN

Für 4 Stück
Zubereitungszeit: 25 Minuten

1 Zwiebel
1 Knoblauchzehe
1 EL Olivenöl
2 EL Tomatenmark
½ TL gemahlener Koriander
½ TL gemahlener Ingwer
½ TL Curry
½ TL Kurkuma
1 TL Chilipulver
150 g rote Linsen, gewaschen
250 ml Kokosmilch
400 ml stückige Tomaten (aus der Dose)
1 rote Peperoni
Salz
frisch gemahlener Pfeffer
4 Weizentortillas (siehe Rezept Seite 162)
einige Blätter Eisbergsalat
½ Bund Koriander
150 g Mais (aus der Dose)
200 g saure Sahne

1. Die Zwiebel und den Knoblauch abziehen und fein würfeln. Olivenöl in einem kleinen Topf erhitzen. Die Zwiebel- und Knoblauchwürfel anschwitzen. Das Tomatenmark sowie die Gewürze zufügen und kurz mit anrösten. Die Linsen unterrühren und mit der Kokosmilch und den Tomaten ablöschen.

2. Die Peperoni waschen, Kerne und Zwischenwände entfernen, klein schneiden und in einem kleinen Topf bei mittlerer Temperatur 15 Minuten unter häufigem Rühren köcheln lassen. Mit Salz und Pfeffer abschmecken.

3. Die Weizentortillas im Backofen erwärmen. Den Eisbergsalat und den Koriander waschen und trocken schütteln. Den Mais in einem Sieb abtropfen lassen.

4. Die Weizentortillas aus dem Backofen nehmen, mit den Salatblättern belegen, mit saurer Sahne und 4–5 EL der Linsenmasse bestreichen. Mais und Koriander darüberstreuen und nach „Burrito-Art" zusammenrollen.

Für die vegane Variante:

Die saure Sahne durch Zitronen-Cashew-Mousse (siehe Rezept Seite 135) oder Sojajoghurt ersetzen.

Für die vegane Variante:
Der Cheddar ist sehr lecker, muss aber nicht sein.

TORTILLA-BOWL-SALAT

MIT KORIANDER-TAHINE-DRESSING

Auf witzige Weise präsentiert sich dieser Salat und überrascht mit einem außergewöhnlichen Dressing aus Sesammus und Koriander.

ZUTATEN

Für 4 Portionen
Zubereitungszeit: 45 Minuten

4 Weizentortillas (siehe Rezept Seite 162)
½ Eisbergsalat
1 Avocado
8 Kirschtomaten
2 Frühlingszwiebeln
4 EL Mais (aus der Dose)
4 EL Kidneybohnen (aus der Dose)
40 g Cheddar

FÜR DAS KORIANDER-TAHINE-DRESSING
1 Handvoll Koriander
1 Limette
½ Knoblauchzehe
3 EL Tahine
2 TL Tamari
2 EL Weißweinessig
1 TL Tomatenmark
Salz
frisch gemahlener Pfeffer

1. Den Backofen auf 200 °C (Umluft) vorheizen. Für die Tortilla-Bowls die Weizentortillas in kleine, backofenfeste Schüsseln drücken und im Backofen knusprig backen. Wer ein Muffinblech zur Verfügung hat, kann auch dieses verwenden.

2. Die Blätter vom Eisbergsalat trennen, waschen, trocken schütteln und in Streifen schneiden. Die Avocado halbieren, Stein entfernen, das Fruchtfleisch von der Schale lösen und in kleine Spalten schneiden. Die Kirschtomaten waschen und halbieren. Die Frühlingszwiebeln putzen und in kleine Ringe schneiden. Die Maiskörner und Kidneybohnen in einem Sieb abtropfen lassen. Die Tortilla-Bowls aus dem Backofen nehmen, kurz abkühlen lassen und mit Salat füllen. Die Avocadospalten und Kirschtomaten darüber verteilen. Frühlingszwiebeln, Mais und Kidneybohnen darüberstreuen. Den Cheddar darüberreiben.

3. Für das Koriander-Tahine-Dressing den Koriander waschen und trocken schütteln. Die Limette halbieren und den Saft auspressen. Den Knoblauch abziehen und würfeln. Alles mit 100 ml Wasser und den restlichen Zutaten im Mixer pürieren. Mit Salz und Pfeffer abschmecken und mit dem Tortilla-Bowl-Salat servieren.

MANGOSALSA-QUINOA-WRAP

In Südamerika zählt Quinoa schon seit Jahrtausenden zu den Hauptnahrungsmitteln. Mittlerweile wird das eiweißreiche Pseudogetreide auch hierzulande immer populärer.

ZUTATEN

Für 6 Wraps
Zubereitungszeit: 45 Minuten

125 g Quinoa
½ Limette
1 Mango
1 rote Zwiebel
1 Tomate
1 kleine Handvoll frischer Koriander
1 EL Olivenöl
Salz
frisch gemahlener Pfeffer
6 Weizentortillas (siehe Rezept Seite 162)
150 g Crème fraîche
100 g Feta
4 EL Milch
½ Kopf Eisbergsalat

1. Den Quinoa nach Packungsanweisung zubereiten. Den Saft der Limette auspressen. Die Mango schälen, das Fruchtfleisch vom Kern lösen und in kleine Stücke schneiden. Die Zwiebel abziehen und fein würfeln. Die Tomate waschen und in Würfel schneiden. Den Koriander waschen, trocken schütteln und fein hacken. Alles mit dem Quinoa, Olivenöl und Limettensaft vermengen und mit Salz und Pfeffer abschmecken.

2. Die Weizentortillas kurz im Backofen erwärmen. Die Crème fraîche mit dem Feta und der Milch glatt rühren. Die Blätter vom Eisbergsalat lösen, waschen und trocken schütteln. Die Weizentortillas mit einigen Blättern Eisbergsalat belegen. Darauf die Fetacreme streichen und 2–3 EL der Mangosalsa-Quinoa-Mischung darüber verteilen. Zusammenrollen und genießen.

Dip-Tipp: Wer es feurig mag, kann vor dem Einrollen noch scharfe Paprika-Chili-Würzsauce (siehe Rezept Seite 139) über die Mangosalsa verteilen.

Tipp

Die Mangosalsa mit Quinoa ist auch als Beilagensalat ein Genuss.

Für die vegane Variante:

Eine vegane Mayonnaise (siehe Rezept Seite 148) ersetzt die Fetacreme problemlos.

KNUSPER KRETA

*Feta und Oliven – ein unschlagbares Traumpaar.
Zusammen mit weiteren Zutaten eines griechischen Salats entsteht
daraus dieses herrliche Sandwich mit Mittelmeerflair.*

ZUTATEN

Für 4 Portionen
Zubereitungszeit: 45 Minuten

4 Eier
12 EL Mehl
160 g Paniermehl
2 Stücke Feta à 150 g
16 Kirschtomaten
1 gelbe Paprika
160 g gemischte Oliven ohne Stein
1 Portion Avocado-Knoblauch-Dip (siehe Rezept Seite 144) oder Zaziki
1 Bund Schnittlauch
6 EL Olivenöl
1 Fladenbrot (siehe Rezept Seite 166)
12 Blätter Kopfsalat

1. Eier in einer flachen Schüssel verquirlen. Das Mehl und das Paniermehl jeweils auf einen Teller streuen. Den Feta einmal quer und einmal längs halbieren. Die Stücke zuerst im Mehl wenden, dann durch das Ei ziehen und mit Paniermehl umhüllen. Die panierten Stücke in den Kühlschrank stellen.

2. In der Zwischenzeit die Kirschtomaten waschen und halbieren. Paprika waschen, weiße Rippen, den Stiel, die Kerne entfernen und in Streifen schneiden. Oliven klein hacken und unter den Avocado-Knoblauch-Dip oder das Zaziki rühren. Schnittlauch waschen, trocken schütteln und in kleine Ringe schneiden.

3. Den Feta aus dem Kühlschrank nehmen. Das Olivenöl in einer Pfanne erhitzen, den Feta von beiden Seiten goldgelb braten. Das Fladenbrot vierteln, aufschneiden und mit den Salatblättern, Paprika, Feta, Kirschtomaten und Schnittlauch belegen. Mit dem Dip oder Zaziki beträufeln und servieren.

FALAFELPATTY-SANDWICH

MIT ROHKOST-TABOULÉ

Das ist unsere Version eines Falafel-Sandwichs: Wir braten die Kichererbsen-Bällchen als Patties in der Pfanne an und servieren sie mit Petersiliensalat und Limetten-Minze-Dill-Dip (siehe Rezept Seite 130)

ZUATEN

Für 4 Sandwiches
Zubereitungszeit: 30 Minuten

FÜR DAS ROHKOST-TABOULÉ
1 Bund glatte Petersilie
½ Bund Minze
200 g Blumenkohlröschen (etwa ¼ Blumenkohl)
100 g Kirschtomaten
3 Frühlingszwiebeln
½ unbehandelte Zitrone
3 EL Olivenöl
1 EL Honig oder Agavendicksaft
Salz
frisch gemahlener Pfeffer

FÜR DIE FALAFEL
1 kleine rote Zwiebel
1 Knoblauchzehe
1 Dose Kichererbsen (Abtropfgewicht 240 g)
1 TL Harissa-Paste
1 TL gemahlener Koriander
1 TL gemahlener Ingwer
1 TL Kreuzkümmel
Salz
frisch gemahlener Pfeffer
3 EL Olivenöl

AUSSERDEM
4 Kräuter-Pitas (siehe Rezept Seite 164)
einige Blätter Eisbergsalat
1 Portion Limetten-Minze-Dill-Dip (siehe Rezept Seite 130), vegane Variante

1. Für das Taboulé Petersilie und Minze waschen und trocken schütteln. Beides mit dem Blumenkohl in einem Mixer gleichmäßig zerkleinern. Die Tomaten vierteln, Frühlingszwiebeln putzen und in kleine Ringe schneiden. Die Zitrone heiß abspülen, auspressen und die Schale abreiben. Alles mit Olivenöl, Honig oder Agavendicksaft vermengen. Salzen und pfeffern.

2. Für die Patties Zwiebel und Knoblauch abziehen. Die Kichererbsen in einem Sieb abtropfen lassen. Mit den Gewürzen im Mixer zu einer gleichmäßigen Masse zerkleinern. Salzen und pfeffern und acht Patties formen. Olivenöl in einer Pfanne erhitzen. Die Patties bei hoher Temperatur von beiden Seiten jeweils 3 Minuten knusprig braten.

3. Für die Sandwiches Die Kräuter-Pitas aufschneiden. Den Salat waschen und trocken schütteln. Die Pitas mit Salat, Taboulé, zwei Patties und Dip füllen und servieren.

Tipp

Mit dem restlichen Blumenkohl lassen sich Blumenkohlschnitzel zubereiten. Dafür einfach den Blumenkohl in Scheiben schneiden und in kochendem Salzwasser al dente kochen. Panieren und in einer Pfanne kross braten.

KARIBISCHE FRÜHLINGSROLLEN

Die vietnamesische Frühlingsrolle wird im Gegensatz zu der hierzulande bekannteren chinesischen Version nicht mit Weizenteig ummantelt frittiert, sondern in Reispapier eingewickelt und gerne auch unfrittiert gegessen. Sie lässt sich dadurch schneller zubereiten und die Wohnung riecht nicht nach Frittiertem. Toll für gemeinsame Kochabende.

ZUTATEN

Für 6 Rollen
Zubereitungszeit: 30 Minuten

100 g Glasnudeln
1/2 unbehandelte Zitrone
1 Avocado
1 rote Paprika
8-10 Blätter Kopfsalat
1 Bund Schnittlauch
1 Handvoll gesalzene Erdnusskerne
6 Blätter Reispapier (Durchmesser 22 cm)
1 Portion Mango-Kokos-Sauce (siehe Rezept Seite 156) oder saure Sahne

1. Die Glasnudeln nach Packungsanweisung zubereiten. Den Saft der Zitrone auspressen. Die Avocado halbieren, den Kern sowie die Schale entfernen und das Fruchtfleisch in dünne Scheiben schneiden. Mit dem Zitronensaft beträufeln und beiseitestellen.

2. Die Paprika waschen, halbieren, Kerne und Strunk entfernen und fein würfeln. Die Salatblätter und den Schnittlauch waschen und trocken schütteln. Den Salat in Streifen schneiden, die Erdnüsse grob hacken.

3. Ein Blatt Reispapier für einige Sekunden von beiden Seiten in lauwarmes Wasser tauchen – am besten füllt man dafür einen großen Teller oder eine Pfanne mit Wasser. Dann zügig arbeiten: Das Blatt auf eine glatte Oberfläche legen. Zuerst mit Salat und Reisnudeln, dann mit Avocado und Paprika belegen. Großzügig Sauce oder saure Sahne und gehackte Erdnüsse darüber verteilen. Vorsichtig zusammenrollen, dabei jeweils einige Stängel Schnittlauch mit einrollen, sodass die Spitzen noch herausschauen, und servieren.

WILDE HERBSTROLLEN

Das herbstliche Pendant zur Frühlingsrolle besticht durch einen nussigen Geschmack der Wildreismischung, würzigen Mangold und den unvergleichlichen Rote-Bete-Meerrettich-Dip (siehe Rezept Seite 153).

ZUTATEN

Für 6 Rollen
Zubereitungszeit: 1 Stunde

150 g Wildreismischung
150 g Shiitake
2 Frühlingszwiebeln
1 Bund Mangold
1 EL Sesamöl
1 EL Tamari
Salz
frisch gemahlener Pfeffer
1 kleine Handvoll Rosinen
6 Blätter Reispapier (Durchmesser 22 cm)
12 TL Rote-Bete-Meerrettich-Dip (siehe Rezept Seite 153), vegane Variante

1. Den Reis nach Packungsanweisung zubereiten. In der Zwischenzeit die Shiitake-Pilze putzen und in Scheiben schneiden. Die Frühlingszwiebeln putzen, waschen und in feine Ringe schneiden. Die Mangoldblätter von den harten Stielen schneiden, waschen und trocken schütteln. Die Stiele nicht wegwerfen: Diese können noch für ein anderes Gericht verwendet oder eingefroren werden.

2. Das Sesamöl in einer Pfanne erhitzen. Die Pilze und die Frühlingszwiebeln etwa 2 Minuten scharf anbraten. Mit der Tamari ablöschen und mit Salz und Pfeffer abschmecken.

3. Einen großen Topf mit Wasser zum Kochen bringen. Die Mangoldblätter für etwa 30 Sekunden blanchieren, herausnehmen und abschrecken. Gut abtropfen lassen und eventuell mit Küchenpapier trocken tupfen.

4. Die Rosinen unter den Reis rühren. Ein Blatt Reispapier für einige Sekunden von beiden Seiten in lauwarmes Wasser tauchen – am besten füllt man dafür einen großen Teller oder eine Pfanne mit Wasser. Dann zügig arbeiten: Das Blatt auf eine glatte Oberfläche legen. 2 EL Reis, 2 TL Rote-Bete-Meerrettich-Dip, den Mangold und die Pilze darauf verteilen. Vorsichtig zusammenrollen und servieren.

Für die vegane Variante:

Die vegane Variante des Rote-Bete-Meerrettich-Dips verwenden.

Für die vegane Variante:
Anstatt Pecorino mehr Paniermehl zufügen und mit 2 TL Hefeflocken würzen.

AUSTERNPILZ-SCHNITZEL-BRÖTCHEN

Die Neuinterpretation des bekannten Imbissbuden-Klassikers. Knusprig lecker! Auch ohne Brötchen, mit Beilage und Salat ein wahrhafter Genuss.

ZUTATEN

Für 2 Brötchen
Zubereitungszeit: 30 Minuten

25 g Pinienkerne
40 g Pecorino
40 g Paniermehl
1 TL Rosmarin
2 Eier
250 g Austernpilze
etwas Weizenmehl
6 EL Olivenöl
Salz
frisch gemahlener Pfeffer
1 Handvoll Kopfsalatblätter
2 Burger-Brötchen (siehe Rezept Seite 169)
4 EL Kräuter-Gürkchen-Remoulade (siehe Rezept Seite 150)

1. Die Pinienkerne in einer Pfanne ohne Öl rösten. Abkühlen lassen und grob hacken. Den Pecorino fein reiben und mit Paniermehl, Rosmarin sowie Pinienkernen mischen. Die Eier verquirlen. Austernpilze putzen, in Mehl wenden, durch die verquirlten Eier ziehen und von allen Seiten mit der Rosmarin-Panade bedecken.

2. Das Olivenöl in einer großen Pfanne erhitzen und die Austernpilz-Schnitzel von beiden Seiten etwa 3 Minuten goldbraun anbraten. Dabei salzen und pfeffern.

3. Salatblätter waschen und trocken schütteln. Die Brötchen aufschneiden. Die Hälften mit der Kräuter-Gürkchen-Remoulade bestreichen, mit dem Salat und den Schnitzeln belegen, zusammenklappen und genießen.

AYRAN

PFIFFERLING-DÖNER

Pfifferlinge sind hier die Stars. Sie sind extrem fett- und kalorienarm und dabei reich an Ballaststoffen. So wird man genussvoll satt.

ZUTATEN

Für 4 Döner
Zubereitungszeit: 30 Minuten

300 g Pfifferlinge
1 Zwiebel
3 EL Olivenöl
2 EL Gyrosgewürz (siehe Rezept rechts)
Salz
frisch gemahlener Pfeffer
1–2 Tomaten
1/4 Salatgurke
1/2 Bund glatte Petersilie
1/4 Rotkohl
4 Kräuter-Pitas (siehe Rezept Seite 164)
1 Portion Avocado-Knoblauch-Dip (siehe Rezept Seite 144), vegane Variante

FÜR DAS GYROSGEWÜRZ
1/2 TL Räuchersalz
1/2 TL Kurkuma
2 TL Oregano
1 TL Thymian
1/2 TL Paprikapulver
1/4 TL Rosmarin
1 Prise Zimt
1 Prise Kreuzkümmel

1. Für das Gyrosgewürz alle Zutaten miteinander vermengen. Die Pfifferlinge putzen und je nach Größe eventuell halbieren oder vierteln. Die Zwiebel abziehen, längs halbieren und in dünne Scheiben schneiden.

2. Das Olivenöl in einer Pfanne erhitzen und die Hälfte der Zwiebelscheiben sowie die Pfifferlinge bei hoher Temperatur von allen Seiten scharf anbraten. Das Gyrosgewürz zufügen und 8-10 Minuten bei mittlerer Temperatur unter mehrmaligem Rühren weiterbraten. Mit Salz und Pfeffer abschmecken.

3. Die Tomaten und die Salatgurke waschen und in dünne Scheiben schneiden. Die Petersilie waschen, trocken schütteln und grob zupfen. Den Rotkohl waschen und in Streifen schneiden.

4. Die Kräuter-Pitas aufschneiden und die Knoblauchsauce darin verstreichen. Eine kleine Schicht Rotkohl, Pfifferlinge, Petersilie, Zwiebeln, Tomaten und einige Scheiben Salatgurke darauf verteilen. Zum Schluss die restliche Knoblauchsauce auf dem Belag verteilen und servieren.

PFLÜCKBRÖTCHEN

Diese Brötchen im Schachbrett-Muster sollten weder mit Messer und Gabel, noch im Ganzen gegessen werden. Einfach Stück für Stück herauspflücken und Biss für Biss genießen.

ZUTATEN

Für 4 Brötchen
Zubereitungszeit: 30 Minuten

1 Handvoll Basilikum
100 ml Olivenöl
Salz
frisch gemahlener Pfeffer
4 Brötchen
100 g Emmentaler
80 g schwarze Oliven ohne Stein
½ gelbe Paprika
2 EL Schnittlauchröllchen

1. Den Backofen auf 180 °C (Umluft) vorheizen. Für das Basilikumöl die Basilikumblätter waschen, trocken schütteln und mit dem Olivenöl im Mixer pürieren. Mit Salz und Pfeffer abschmecken.

2. Die Brötchen etwa daumenbreit längs und quer einschneiden. Nicht durchschneiden! Drei Viertel des Basilikumöls in die Zwischenräume verteilen.

3. Den Emmentaler reiben, die Oliven hacken. Die Paprika waschen, entkernen und fein würfeln. Die Zwischenräume der Brötchen mit Käse, Paprika und Oliven füllen. Die Schnittlauchröllchen darüberstreuen und mit dem restlichen Öl beträufeln.

4. Im Backofen 15 Minuten backen, herausnehmen und servieren.

Für die vegane Variante:
Veganen Käse verwenden.

POMMES, FINGERFOOD & CO.

Wer die klassischen Pommes mit Paprikapulver und Salz satt hat, wird in diesem Kapitel fündig.

Aber auch kleine Snacks oder sättigendes Fingerfood, welches mit einem grünen Salat auch als Hauptspeise beeindrucken kann, warten hier darauf, nachgekocht zu werden.

KICHERNDE RÖSTERBSEN

Nicht nur die allseits beliebten Chips leisten gute Dienste als Knabberei zu Film, Fernsehen oder einem guten Buch. Die mit nur wenig Aufwand zubereiteten gerösteten Kichererbsen machen mindestens genauso süchtig, ohne dabei das Gewissen zu belasten.

ZUTATEN

Für 4 Portionen
Zubereitungszeit: 50 Minuten

2 Dosen Kichererbsen (Abtropfgewicht 240 g)
2 EL Olivenöl
½ unbehandelte Zitrone
1 TL Chilipulver
1 TL Kurkuma
1 TL Ingwerpulver
1 TL Cayennepfeffer
1 TL Agavendicksaft
Salz

1. Den Backofen auf 180 °C (Umluft) vorheizen. Die Kichererbsen in einem Sieb gut abtropfen lassen und zwischen zwei Lagen Küchenpapier trocken tupfen. Mit den restlichen Zutaten in einer Schüssel mischen und mit Salz abschmecken.

2. Die Kichererbsen auf ein Backblech oder in einer großen Auflaufform verteilen. 40 Minuten im Backofen knusprig backen, nach 20 Minuten einmal gründlich durchmischen. Herausnehmen und servieren.

Tipp

Probieren Sie diese knusprigen Bällchen doch mal als Croûtons im Salat.

Kichernde Erbsen

PIKANT-SÜSSE AUBERGINENSTICKS

Dass die Aubergine streng genommen eine Beere ist, ist nicht jedem bekannt. Wie gut sie schmeckt, hoffentlich schon. Mit diesem Rezept versuchen wir, dies noch einmal unter Beweis zu stellen.

ZUTATEN

Für 2 Portionen
Zubereitungszeit: 50 Minuten

2 Auberginen
1 TL Currypulver
½ TL getrocknete Chiliflocken
½ TL Zimt
½ TL Salz
3 EL Olivenöl
2 EL Ahornsirup

1. Den Backofen auf 180 °C (Umluft) vorheizen. Die Auberginen waschen, schälen und in Stäbchen mit einem Durchmesser von etwa 1½ cm schneiden. Mit den Gewürzen, Salz und Olivenöl in einer Schüssel mischen.

2. Die Auberginensticks auf ein Backblech oder in einer großen Auflaufform verteilen. 20 Minuten im Backofen backen. Den Ahornsirup über die Sticks träufeln und etwa 15 Minuten karamellisieren lassen. Herausnehmen und servieren.

Dip-Tipp: Wir empfehlen einen Limetten-Minze-Dill-Dip (siehe Rezept Seite 130).

AUBERGINEN
STICKS

MAYO
Hot

FEURIGE TOMATEN-ZIMT-POMMES

Tomatig, zimtig, scharf! Perfekt, wenn man eine Alternative zum klassischen Pommesgewürz sucht.

ZUTATEN

Für 2 Portionen
Zubereitungszeit: 45 Minuten

750 g festkochende Kartoffeln
2 EL Olivenöl
1 EL Tomatenmark
1 TL Zimt
1 TL Cayennepfeffer
1 TL getrocknetes Basilikum
Salz

Tipp

Wer Zimt nur mit Weihnachten verbindet und für den Sommer eine alternative Sauce sucht, sollte es mit Olivenöl, italienischen Kräutern, Zitronensaft und geriebener Zitronenschale probieren.

1. Den Backofen auf 180 °C (Umluft) vorheizen. Die Kartoffeln schälen, in Stäbchen mit einem Durchmesser von etwa 1 cm schneiden und für 10 Minuten in eine Schüssel mit kaltem Wasser geben.

2. Für die Sauce Olivenöl, Tomatenmark, Zimt, Cayennepfeffer und Basilikum gut verrühren. Die Kartoffelstäbchen in einem Sieb abtropfen lassen und sorgfältig mit der Sauce in einer Schüssel vermengen.

3. Die Kartoffeln auf ein mit Backpapier ausgelegtes Backblech verteilen. 30 Minuten im Backofen goldbraun backen, nach 15 Minuten wenden. Vor dem Servieren nach Belieben salzen.

Dip-Tipp: Wir empfehlen Mandel-Mayonnaise (siehe Rezept Seite 148)

SÜSSKARTOFFEL-PAKORA

Pakora stammt ursprünglich aus Indien und besteht grundsätzlich aus einer Hauptzutat. Diese wird in Kichererbsenmehl sowie Gewürzen gewendet, in Öl frittiert und als Beilage oder Snack serviert. Besonders in England gilt Pakora als beliebter Fast-Food-Snack und stellt eine schmackhafte Alternative zu Pommes frites dar.

ZUTATEN

Für 2 Portionen
Zubereitungszeit: 30 Minuten

150 g Kichererbsenmehl
1 TL Cayennepfeffer
1 TL Kurkuma
1 TL Salz
1 TL Schwarzkümmel
2 Frühlingszwiebeln
300 g Süßkartoffeln
500 ml Rapsöl

1. Das Kichererbsenmehl mit 170 ml lauwarmem Wasser, Cayennepfeffer, Kurkuma, Salz und Schwarzkümmel glatt rühren. Die Frühlingszwiebeln putzen, waschen, längs halbieren, klein schneiden und unter den Teig rühren. Die Süßkartoffeln schälen und in 3 mm dünne Scheiben schneiden.

2. Das Rapsöl in einem hohen Topf oder in der Fritteuse erhitzen. Die Süßkartoffelscheiben durch den Teig ziehen und goldgelb ausbacken. Herausnehmen, auf Küchenpapier abtropfen lassen und servieren.

Dip-Tipp: Zum Dippen empfehlen wir das Blitz-Muhammara (siehe Rezept Seite 132).

PESTO-SNACK-CROÛTONS

Ein unglaublich einfaches Rezept, mit dem man übrig gebliebenes Brot und Pesto in einen Chipsersatz verwandeln kann. Wir verwerten damit gerne die Brotreste der Chili-Bean-Rolls (siehe Rezept Seite 76) oder des Toast Hawaii Deluxe (siehe Rezept Seite 22). Aber selbstverständlich ist auch frisches Toastbrot erlaubt.

ZUTATEN

Für 2 Portionen
Zubereitungszeit: 30 Minuten

8 Scheiben Toastbrot (siehe Rezept Seite 174)
5 TL Pesto alla genovese (siehe Rezept Seite 154)
2 TL Weißweinessig
Olivenöl

1. Den Backofen auf 180 °C (Umluft) vorheizen. Das Brot in Würfel mit einem Durchmesser von etwa 2 cm schneiden und auf ein mit Backpapier ausgelegtes Backblech verteilen. 10 Minuten im Backofen backen.

2. Für die Marinade das Pesto und den Essig miteinander verrühren. Je nach Konsistenz etwas Olivenöl zufügen, sodass eine Marinade entsteht. Die Brotwürfel aus dem Backofen nehmen und sorgfältig mit der Pestomarinade vermengen. Erneut auf dem Backblech verteilen, weitere 8-10 Minuten im Backofen backen, herausnehmen und servieren.

Tipp

Die Croûtons schmecken auch in ihrer klassischen Verwendung als Salat-Topping. Dafür das Brot in kleinere Würfel schneiden..

Für die vegane Variante:
Veganes Pesto verwenden.

Für die vegane Variante:

Den Käse durch veganen Streukäse ersetzen oder ersatzlos streichen.

KARTOFFELSPALTEN

IM ROSMARIN-PARMESAN-MANTEL

Die Würzung dieser pommesähnlichen Beilage besteht klassischerweise aus Salz, Pfeffer und Paprikapulver, wir nehmen stattdessen Rosmarin und Parmesan. Durch die Zugabe von Paniermehl werden sie besonders knusprig. Die Kartoffelspalten werden gerne auch als „Country Potatoes" bezeichnet.

ZUTATEN

Für 2 Portionen
Zubereitungszeit: 45 Minuten

500 g festkochende Kartoffeln
3 EL Olivenöl
20 g Paniermehl
3 TL getrockneter Rosmarin
20 g Parmesan
Salz
frisch gemahlener Pfeffer

1. Den Backofen auf 180 °C (Umluft) vorheizen. Die Kartoffeln schälen, in Achtel schneiden und waschen. Mit einem Tuch trocken tupfen und in eine Schüssel geben. Olivenöl, Paniermehl sowie Rosmarin zufügen und den Parmesan fein darüberreiben. Sorgfältig vermengen und dabei je nach Geschmack salzen und pfeffern.

2. Die Kartoffelspalten auf ein mit Backpapier ausgelegtes Backblech verteilen. Die eventuell verbleibende Panade auf den Schnittflächen verteilen und festdrücken. 30 Minuten im Backofen knusprig backen, herausnehmen und servieren.

Dip-Tipp: Zum Dippen empfehlen wir den Avocado-Knoblauch-Dip (siehe Rezept Seite 144)

„HASSELBACK"-KARTOFFELN

MIT LIMETTEN-PARMESAN-DILL-TOPPING

Diese Beilage ist vor allem in den USA sehr beliebt. Erfunden wurde sie aber in dem Stockholmer Restaurant „Hasselbacken". Das schwedische Gericht wird mit gleichmäßig geformten Kartoffeln perfekt.

ZUTATEN

Für 6 Portionen
Zubereitungszeit: 1 Stunde

40 g Pecorino
20 g Pinienkerne
1 unbehandelte Limette
1 Knoblauchzehe
½ Bund Dill
40 g Paniermehl
8 EL Olivenöl
Salz
frisch gemahlener Pfeffer
6 große festkochende Kartoffeln

1. Den Backofen auf 200 °C (Umluft) vorheizen. Den Pecorino fein reiben. Die Pinienkerne grob hacken. Die Limette heiß abspülen, auspressen und die Schale abreiben. Knoblauch abziehen und fein würfeln. Dill waschen, trocken schütteln, Spitzen abtrennen und klein schneiden. Alles mit Paniermehl und 4 EL Öl vermengen. Salzen und pfeffern.

2. Die Kartoffeln schälen. Auf den länglichen Seiten der Kartoffeln ein schmales Stück abschneiden, sodass sie darauf stehen können. Die Kartoffeln im Abstand von 5 mm quer einschneiden. Am einfachsten gelingt dies, wenn man links und rechts der Kartoffeln ein Essstäbchen legt und bis zum Widerstand schneidet. Es funktionieren auch andere längliche Gegenstände mit einem Durchmesser von etwa 1 cm als Abstandhalter.

3. Die Kartoffeln unter kaltem Wasser abspülen und vorsichtig biegen, sodass diese sich auffächern und möglichst viel Stärke ausgewaschen wird. Mit Küchentuch trocken tupfen. Die Füllung mit einem Buttermesser in die Spalten der Kartoffeln streichen. In einer Auflaufform verteilen, mit dem restlichen Öl beträufeln und 45 Minuten im Backofen backen. Herausnehmen und mit Dill und Limette servieren.

Tipp

Als Füllung schmeckt auch eine einfache Kräuterbutter oder unsere Artischocken-Zitronen-Butter (siehe Rezept Seite 24). Davon lassen sich im gekühlten Zustand einfach Spalten abschneiden, die man in die Kartoffelschlitze legen kann.

RED RINGS

Zwiebelringe dürfen in einem Fast-Food-Kochbuch natürlich nicht fehlen. Auf die bekannten, vor Fett triefenden Exemplare wollen wir allerdings verzichten. Unsere im Backofen gebackenen roten Ringe bestechen durch ihre krosse Panade aus Rote-Bete-Bier-Teig und dem asiatischen Paniermehl Panko.

ZUTATEN

Für 2 Portionen
Zubereitungszeit: 45 Minuten

100 g Weizenmehl
80 ml Milch
80 ml Bier
1 TL Senf
1 TL Salz
1 TL Knoblauchpulver
1 TL Ingwerpulver
50 g Rote Bete (aus dem Glas)
100 g Panko
300 g rote Zwiebeln

Tipp

Wer beim Zwiebelschneiden konsequent durch den Mund atmet, verhindert übrigens das lästige Brennen in den Augen und die damit verbundenen Tränen.

1. Den Backofen auf 225 °C (Umluft) vorheizen. Weizenmehl, Milch, Bier, Senf, Salz und Gewürze mit einem Schneebesen glatt rühren. Die rote Bete in einem Sieb abtropfen lassen, fein reiben und unter den Teig rühren. Das Panko in eine separate Schüssel streuen.

2. Die Zwiebeln abziehen, in etwa 1 cm dicke Scheiben schneiden und die Ringe voneinander trennen. Diese nacheinander durch den Teig ziehen und vorsichtig mit dem Panko panieren.

3. Die Zwiebelringe auf ein mit Backpapier ausgelegtes Backblech verteilen. Um den Platz optimal auszunutzen, können die kleinen Ringe in die Großen gelegt werden. 20–25 Minuten im Backofen knusprig backen, herausnehmen und servieren.

Für die vegane Variante:
Vegane „Milch" verwenden (siehe Seite 10).

Für die vegane Variante:

Den Parmesan durch veganen Streukäse ersetzen oder ersatzlos streichen.

SPARGEL-FRITTEN

Jedes Jahr freuen wir uns auf die Spargelzeit. Aber schnell ist das Repertoire an Spargelrezepten durchgeackert. Für diesen Fall haben wir hier ein außergewöhnliches Spargelrezept parat – herrlich frischer grüner Spargel, knusprig paniert und im Backofen gebacken.

ZUTATEN

Für 2 Portionen
Zubereitungszeit: 40 Minuten

1 Bund grüner Spargel
3 EL Olivenöl
1 TL Agavendicksaft
Salz
frisch gemahlener Pfeffer
40 g Panko
40 g Parmesan

1. Den Backofen auf 200 °C (Umluft) vorheizen. Den Spargel waschen, das untere Drittel schälen und die Stangen halbieren. Eventuell holzige Stücke entfernen. Die Spargelstücke mit Olivenöl, Agavendicksaft, Salz und Pfeffer in einer großen Schüssel vermengen.

2. Den Spargel in einer separaten Schüssel mit Panko panieren und auf ein mit Backpapier ausgelegtes Backblech verteilen. Den Parmesan über die Spargelstangen reiben, 20 Minuten im Backofen backen, herausnehmen und servieren.

FETA-COOKIES

Diese kleinen Dinger sehen zwar aus wie schokoladige Butterkekse, sie sind jedoch ein salzig, herzhafter Snack, der süchtig macht. Ob als Fingerfood-Überraschung auf einer Party oder Snack für unterwegs ist hierbei Ihnen überlassen.

ZUTATEN

Für etwa 20 Cookies
Zubereitungszeit: 30 Minuten plus Ruhezeit

½ unbehandelte Zitrone
100 g Feta
30 g kalte Butter
30 g entsteinte schwarze Oliven
1 TL Kapern
60 g Weizenmehl
Salz
frisch gemahlener Pfeffer

1. Die Zitrone heiß abspülen, trocken tupfen und die Schale abreiben. Den Feta klein würfeln und zusammen mit Butter, Zitronenschale, Oliven und Kapern in der Küchenmaschine zu einer homogenen Masse pürieren. Das Weizenmehl zufügen und erneut mixen, bis sich alles gleichmäßig verteilt hat. Mit Salz und Pfeffer abschmecken.

2. Den Teig mit bemehlten Händen auf einer mit Mehl bestaubten Arbeitsfläche zu einer etwa 5 cm dicken Rolle formen. Die Rolle in Backpapier einwickeln und für 30 Minuten in den Gefrierschrank legen.

3. Den Backofen auf 180 °C (Umluft) vorheizen. Die Rolle aus dem Gefrierschrank nehmen, das Backpapier entfernen und mit einem scharfen Messer in etwa 2 cm dicke Scheiben schneiden. Diese auf ein mit Backpapier ausgelegtes Backblech legen. 20 Minuten im Backofen goldbraun backen, herausnehmen und servieren.

CHILI-BEAN-ROLLS

Außen knusprig, innen cremig. Als Füllung für diese kleinen Röllchen kann zwar so ziemlich jeder Dip verwendet werden, aber nur mit unserem Chili-Kidneybohnen-Dip verdienen sie sich den wohlklingenden Namen „Chili-Bean-Rolls“.

ZUTATEN

Für 10 Röllchen
Zubereitungszeit: 35 Minuten

10 Scheiben Toastbrot (siehe Rezept Seite 174)
10 EL Chili-Kidneybohnen-Dip (siehe Rezept Seite 140)
2 EL Margarine

1. Die Ränder der Toastscheiben abschneiden und die Toasts mit einem Teigroller vorsichtig so flach wie möglich rollen. Auf jede Toastscheibe 1 EL Chili-Kidneybohnen-Dip verstreichen. Die bestrichenen Scheiben eng zusammenrollen.

2. Die Margarine in einer großen Pfanne erhitzen. Die Rollen nacheinander von allen Seiten knusprig braun braten. Auf Küchenpapier abtropfen lassen und servieren.

Tipp

Die abgeschnittenen Toastränder nicht wegschmeißen. Daraus lassen sich knusprige Croûtons zubereiten (siehe Rezept Seite 64).

SUSHI

Sushi vegetarisch – auch das ist möglich. Hierfür verwenden wir den Trick mit dem plattgerollten Toastbrot und können so schnell ohne klebrigen Reis leckere Sushi-Röllchen auf den Tisch zaubern.

ZUTATEN

Für 40 Röllchen
Zubereitungszeit: 35 Minuten

1 kleine Zucchini
½ Bund Schnittlauch
10 Scheiben Toastbrot (siehe Rezept Seite 174)
10 TL Erbsen-Hummus (siehe Rezept Seite 130)
5 TL weiße und schwarze Sesamkörner

1. Die Zucchini waschen, Enden entfernen und in feine Scheiben hobeln. Die Scheiben mit einem Messer in feine Streifen schneiden. Den Schnittlauch waschen, trocken schütteln und in kleine Röllchen schneiden.

2. Die Ränder der Toastscheiben abschneiden und die Toasts mit einem Teigroller vorsichtig so flach wie möglich rollen. Mit jeweils 1 TL Erbsen-Hummus bestreichen. Einige Streifen Zucchini und Schnittlauch darauf verteilen, eng zusammenrollen und leicht festdrücken. Mit einem Messer die unsauberen Enden abschneiden und die Rolle in vier gleich große Stücke teilen.

3. Die Sesamkörner auf eine Untertasse verteilen und die Sushi-Röllchen mit jeweils einer Schnittfläche darin panieren. Mit den panierten Seiten nach oben auf Tellern servieren.

Tipp

Schmeckt auch mit anderen Dips.
Seien Sie kreativ!

SMUSHI

MIT VEGANEM METT

Die dänische Erfindung Smushi vereint das „Smørrebrød" mit dem japanischen Sushi. Das Ergebnis ist Fingerfood, dem keine Grenzen gesetzt sind. Wir toppen die kleinen Brote mit unserer Version von veganem Mett. Wer keinen gepufften Reis findet, darf auch kleingebröselte Reiswaffeln nehmen.

ZUTATEN

Für 16 Stück
Zubereitungszeit: 25 Minuten

100 ml Gemüsebrühe
2 EL Tomatenmark
1 EL Ketchup
1 EL Olivenöl
1 EL Weißweinessig
1 TL Currypulver
1 TL Agavendicksaft
50 g gepuffter Reis (Bio-Laden)
1 Stange Staudensellerie
½ Zwiebel
1 kleine Tomate
½ Bund glatte Petersilie
Salz
4 Scheiben Knäckebrot
frisch gemahlener Pfeffer
½ Schale Kresse

1. Für das vegane Mett die Gemüsebrühe mit Tomatenmark, Ketchup, Olivenöl, Essig, Currypulver und Agavendicksaft verrühren und unter den gepufften Reis heben.

2. Die Selleriestange waschen und schälen. Die Zwiebel abziehen und mit dem Sellerie im Mixer zerkleinern oder mit einem Messer fein würfeln. Die Tomate waschen und ebenfalls fein würfeln. Die Petersilie waschen, trocken schütteln und klein hacken. Alles mit dem Reis verrühren und mit Salz abschmecken.

3. Das Knäckebrot vorsichtig mit einem scharfen Messer in vier Stücke schneiden. Auf jedes Stück 1 EL Mett verteilen, ein wenig groben Pfeffer darüberstreuen, mit Kresse dekorieren und servieren.

BURGER & CO.

Er zählt zum bekanntesten Fast Food überhaupt und bei seiner Herkunft scheiden sich die Geister – der Burger.

Manche behaupten, er stamme aus der Hansestadt Hamburg, für manche ist er ganz klar eine Erfindung aus den Vereinigten Staaten. Aber eines ist klar: Er schmeckt fast allen. Und dass die vege-

PILZ-WALNUSS-BURGER

MIT RADICCHIO & GORGONZOLA

Dieser herbstliche Burger verschönert die trübe Jahreszeit mit seinem würzigen und erdigen Geschmack – auch mit anderen Pilzsorten ...

ZUTATEN

Für 2 Burger
Zubereitungszeit: 30 Minuten

50 g Walnusskerne
1 Zwiebel
1 Knoblauchzehe
250 g braune Champignons
3 EL Olivenöl
50 g Gorgonzola
100 g Schmand
1 reife Birne
½ Bund Petersilie
100 g Paniermehl
1 Ei
Salz
frisch gemahlener Pfeffer
2 Burger-Brötchen (siehe Rezept Seite 169)
einige Blätter Radicchio

1. Die Walnüsse in einer Pfanne ohne Öl rösten. Zwiebel und Knoblauch abziehen und fein würfeln. Champignons putzen und in einem Mixer zerkleinern. In einer Pfanne 2 EL Öl erhitzen. Zwiebeln sowie Knoblauch anschwitzen und die Pilzmasse etwa 10 Minuten unter Rühren mit anbraten. Gorgonzola und Schmand in einem Topf erhitzen, gelegentlich umrühren.

2. Die Birne waschen, halbieren, entkernen und in dünne Spalten schneiden. Die Petersilie waschen, trocken schütteln und mit den Walnüssen im Mixer zerkleinern. Mit der Pilzmasse, Paniermehl sowie Ei vermischen, salzen, pfeffern und zwei gleich große Bratlinge formen. Das restliche Öl in einer Pfanne erhitzen. Die Bratlinge beidseitig knusprig braten.

3. Die Brötchen aufschneiden und unter dem Grill kurz rösten. Radicchio waschen und trocken schütteln. Die Brötchenunterteile mit jeweils einem Bratling, Radicchio und Birnenspalten belegen. Gorgonzolasauce darüber verteilen, mit den Oberteilen abschließen und servieren.

Für die vegane Variante:

Einfach das Ei ersetzen (siehe Seite 11). Anstatt der Gorgonzolasauce passt auch eine vegane Knoblauchsauce (siehe Seite 144).

ROCHUS-BURGER

*Eine herbstliche Liebeserklärung an unsere Heimat.
Hier vereint sich der nussige und herzhafte Geschmack von Hokkaido mit der süßen Säure von Apfel und cremigem Maronenpüree.
Die Kräutermarinade und die hocharomatische Note von dem mit Kürbiskernöl angemachten Feldsalat runden das Geschmackserlebnis dieses extravaganten Burgers ab.*

ZUTATEN

Für 2 Burger
Zubereitungszeit: 40 Minuten

200 g Hokkaido
1 kleiner Apfel
2 EL Olivenöl
1 TL Thymian
1 TL Rosmarin
2 Handvoll Feldsalat
2 EL Kürbiskernöl
1 EL Balsamicoessig
Salz
frisch gemahlener Pfeffer
2 Burger-Brötchen (siehe Rezept Seite 169)
süßes Maronenpüree

Tipp

Sollte kein Maronenpüree verfügbar sein, kann man das Brötchen auch mit Honig beziehungsweise Ahornsirup bestreichen. Oder man macht das Maronenpüree selbst: Gekochte Maronen pürieren, mit Milch und Sahne einkochen und mit Agavendicksaft süßen.

1. Den Backofen auf 160 °C (Umluft) vorheizen. Den Hokkaido waschen und in etwa 5 mm dünne Scheiben schneiden. Den Apfel waschen, entkernen und ebenfalls in dünne Scheiben schneiden. Die Kürbis- und Apfelscheiben mit Olivenöl, Thymian und Rosmarin vermengen. Auf ein mit Backpapier ausgelegtes Backblech verteilen und 15 Minuten im Backofen weich garen.

2. In der Zwischenzeit den Feldsalat gründlich waschen und trocken schütteln. Mit Kürbiskernöl und Balsamicoessig mischen. Mit Salz und Pfeffer abschmecken.

3. Die Burger-Brötchen aufschneiden und kurz im Backofen erwärmen. Die Brötchenunterteile mit jeweils 1 EL Maronenpüree bestreichen und nacheinander mit Kürbis- und Apfelscheiben sowie dem Feldsalat belegen. Mit dem Brötchenoberteil abschließen und servieren.

Für die vegane Variante:

Bergkäse streichen und unsere vegane Mayonnaise verwenden. Ei gemäß Hinweis auf Seite 11 ersetzen.

Tipp

Aus dem Feldsalat, der übrig bleibt, lässt sich ein prima Beilagensalat zubereiten. Einfach 4 EL Walnussöl mit 1 EL Himbeeressig, 1 TL süßem Senf, Salz und Pfeffer verrühren und über den Salat träufeln.

ALPEN-VEGGIE-BURGER

Zunächst wirkt es befremdlich, ein Laugenbrötchen mit einem „Laugenknödel" zu belegen, aber wer es einmal probiert hat, lässt sich gerne ein zweites Mal vom Gegenteil überzeugen.

ZUTATEN

Für 2 Burger
Zubereitungszeit: 1 Stunde

150 g Laugenbrezel vom Vortag (etwa 2 Stück)
80 ml lauwarme Milch
1 kleine Zwiebel
1 Bund glatte Petersilie
50 g Bergkäse
6 Radieschen
120 g Krautsalat (aus der Dose)
6 TL süßer Senf
6 TL Schmand
2 Handvoll Feldsalat
1 Ei
Salz
frisch gemahlener Pfeffer
frisch geriebene Muskatnuss
2 EL Olivenöl
2 Laugenbrötchen (siehe Rezept Seite 170)

1. Laugenbrezeln zerkleinern und in der Milch 20 Minuten einweichen. Mehrmals umrühren und zerdrücken. Es sollte sich eine klebrige Masse bilden.

2. Die Zwiebel abziehen und fein würfeln. Die Petersilie waschen, trocken schütteln und klein hacken. Den Käse reiben. Die Radieschen putzen, waschen und in Scheiben schneiden. Den Krautsalat in einem Sieb gut abtropfen lassen. Den Senf mit dem Schmand verrühren. Feldsalat waschen und trocken schütteln.

3. Zwiebel, Petersilie, Käse und Ei unter die Brezeln-Milch-Masse rühren. Mit Salz, Pfeffer und einer Prise Muskatnuss würzen. Sollten die Brezeln stark gesalzen sein, ist eventuell kein Salz mehr nötig. Aus dem Teig zwei Frikadellen formen.

4. Das Öl in einer Pfanne erhitzen. Die Frikadellen von beiden Seiten scharf anbraten und zugedeckt 5 Minuten sanft ziehen lassen. Die Laugenbrötchen aufschneiden. Beide Hälften mit der Senf-Schmand-Mischung bestreichen und mit Feld- und Krautsalat, Radieschen sowie der Frikadelle belegen. Zusammenklappen und servieren.

PAKORA-BURGER

Multikulturalismus der besonderen Art: Indisches Pakora trifft auf den Inbegriff der amerikanischen Esskultur.

ZUTATEN

Für 2 Burger
Zubereitungszeit: 30 Minuten

100 g vorwiegend festkochende Kartoffeln
100 g Brokkoli
80 g Kichererbsenmehl
1 TL Kurkuma
1 TL Chilipulver
½ TL Kreuzkümmel
Salz
frisch gemahlener Pfeffer
2 EL Olivenöl
4 Blätter Chinakohl
½ Bund glatte Petersilie
2 Burger-Brötchen (siehe Rezept Seite 169)
4 EL Erdnuss-Ingwer-Dip (siehe Rezept Seite 142)

Tipp

Wer keine Lust hat, den Erdnuss-Ingwer-Dip zuzubereiten, kann auch ein wenig Ingwer unter die Bratlingmasse rühren und gekauftes Erdnussmus oder -butter auf das Burger-Brötchen streichen.

1. Die Kartoffeln schälen und in eine Schüssel reiben. Den Brokkoli waschen, in der Küchenmaschine zerkleinern und mit den Kartoffeln vermengen. Kichererbsenmehl, Gewürze und 100 ml lauwarmes Wasser unterrühren. Mit Salz und Pfeffer abschmecken. Aus der Masse zwei Bratlinge formen.

2. Das Olivenöl in einer Pfanne erhitzen und die Bratlinge von beiden Seiten knusprig braun braten. Die Chinakohlblätter sowie die Petersilie waschen und trocken schütteln. Die Chinakohlblätter in Streifen schneiden, die Petersilienblätter von den Stielen lösen.

3. Brötchen aufschneiden und auf beiden Seiten 1 EL Erdnuss-Ingwer-Dip verteilen. Auf die Brötchenunterteile jeweils eine kleine Handvoll Chinakohlstreifen sowie Petersilie verteilen. Den Pakora-Bratling darauflegen, mit dem Brötchenoberteil abschließen und servieren.

RICOTTABÄLLCHEN-BURGER

Süßlicher Ricotta, würziger Parmesan, aromatisches Pesto und unser unschlagbares Tomaten-Paprika-Relish (siehe Rezept Seite 147) vereinen den Geschmack Italiens.

ZUTATEN

Für 2 Burger
Zubereitungszeit: 20 Minuten

30 g Parmesan
150 g Ricotta
25 g Semmelbrösel
Salz
frisch gemahlener Pfeffer
2 EL Olivenöl
4 Blätter Kopfsalat
2 Burger-Brötchen (siehe Rezept Seite 169)
4 EL Rucola-Pistazien-Pesto
(siehe Rezept Seite 153) oder grünes Pesto
4 EL Tomaten-Paprika-Relish
(siehe Rezept Seite 147) oder Tomatensugo

1. Den Parmesan reiben und mit dem Ricotta und den Semmelbröseln verkneten. Mit Salz und Pfeffer abschmecken und acht gleich große Bällchen daraus formen. Das Olivenöl in einer Pfanne erhitzen und die Bällchen von allen Seiten braun braten.

2. In der Zwischenzeit den Kopfsalat waschen und trocken schütteln. Die Burger-Brötchen aufschneiden und alle Schnittflächen gleichmäßig mit dem Rucola-Pistazien-Pesto bestreichen. Die Brötchenunterteile mit jeweils einem Salatblatt und vier Ricottabällchen belegen. Mit dem Tomaten-Paprika-Relish sowie einem weiteren Salatblatt belegen, mit dem Brötchenoberteil abschließen und servieren.

RICOTTA

KARROT DOG

Für einen schmackhaften Hotdog benötigen wir weder Fleisch noch Tofu oder Seitan. Wir beweisen dies mit folgendem Rezept.

ZUTATEN

Für 4 Stück
Zubereitungszeit: 25 Minuten

4 Karotten (würstchengroß und -dick)
Salz
frisch gemahlener Pfeffer
½ Salatgurke
200 g Sauerkraut
1 Portion Röstzwiebeln (Rezept siehe rechts)
4 Hotdog-Brötchen
1 Portion Dijon-Aprikosen-Dip
(siehe Rezept Seite 144)

FÜR DIE RÖSTZWIEBELN
2 Zwiebeln
2 EL Margarine
Salz
frisch gemahlener Pfeffer
2 EL Weizenmehl

1. Die Karotten schälen und die Enden abschneiden. In einem Topf mit Wasser bedecken, salzen und zum Kochen bringen. 8 Minuten mit geschlossenem Deckel köcheln lassen. Je nach Dicke der Karotten kann die Kochzeit variieren. Sie sollten nicht zu weich werden, aber natürlich auch nicht mehr hart sein. Die Karotten mit kaltem Wasser abschrecken, in einem Sieb abtropfen lassen und pfeffern.

2. In der Zwischenzeit die Salatgurke waschen und, wenn vorhanden, mit einem Spiralschneider in feine Spiralen, ansonsten in feine Streifen schneiden. Das Sauerkraut in einem Sieb gut abtropfen lassen.

3. Für die Röstzwiebeln die Zwiebeln abziehen, halbieren und in Halbringe schneiden. Die Margarine in einer Pfanne erhitzen, Zwiebeln zufügen, kurz anschwitzen, salzen und pfeffern. Mit dem Mehl bestauben und unter ständigem Rühren knusprig braten.

4. Die Brötchen längs einschneiden und die Schnittflächen mit dem Dijon-Aprikosen-Dip bestreichen. Erst eine Karotte, dann Gurke und Sauerkraut in das Brötchen legen. Großzügig Röstzwiebeln darauf verteilen und servieren.

Für die vegane Variante:

Das Ei gemäß Hinweis auf Seite 11 ersetzen. Den Büffelmozzarella durch veganen Mozzarella ersetzen.

ITALY-TK

Ein tolles Rezept, wenn es mal schnell und einfach gehen soll. Man nehme Tiefkühlgemüse, binde es mit Ei(-ersatz) und Semmelbrösel und garniere den Burger mit thematisch passenden Beilagen.

ZUTATEN

Für 2 Burger
Zubereitungszeit: 30 Minuten

200 g italienisches Tiefkühlgemüse
1 Ei
50 g Semmelbrösel
Salz
frisch gemahlener Pfeffer
2 EL Olivenöl
1 Büffelmozzarella
1 Handvoll Basilikumblätter
2 Burger-Brötchen (siehe Rezept Seite 169)
4 EL Tomaten-Paprika-Relish (siehe Rezept Seite 147) oder Tomatensugo

1. Das Tiefkühlgemüse nach Packungsanweisung zubereiten und mit einem Pürierstab zu einem groben Mus zerkleinern. Ei und Semmelbrösel untermischen, mit Salz und Pfeffer abschmecken und zwei Bratlinge aus dem Brei formen. Das Olivenöl in der Pfanne erhitzen und die Bratlinge von beiden Seiten knusprig braten.

2. Den Büffelmozzarella in einem Sieb abtropfen lassen und in Scheiben schneiden. Die Basilikumblätter waschen und trocken schütteln. Die Brötchen aufschneiden. Die Brötchenunterteile mit Tomaten-Paprika-Relish, einem Bratling, Büffelmozzarella und Basilikum belegen. Mit dem Brötchenoberteil abschließen und servieren.

TEX-MEX-BURGER

Die amerikanische Tex-Mex-Küche vereint die Südstaaten mit der mexikanischen Küche. Dieser Burger ist dafür ein gutes Beispiel.

ZUTATEN

Für 4 Burger
Zubereitungszeit: 45 Minuten

½ Zwiebel
2 Knoblauchzehen
½ Paprika
1 kleine Peperoni
1 Stange Staudensellerie
1 Dose Kidneybohnen (Abtropfgewicht 240 g)
1 Ei
50 g Paniermehl
Salz
frisch gemahlener Pfeffer
1 Avocado
½ unbehandelte Zitrone
½ vorgekochter Maiskolben
1 EL Olivenöl
4 große Blätter Eisbergsalat
50 g Manchego
4 Burger-Brötchen (siehe Rezept Seite 169)
4 EL Mandel-Mayonnaise (siehe Rezept Seite 148) oder klassische Mayonnaise

1. Den Backofen auf 200 °C (Umluft) vorheizen. Zwiebel und Knoblauch abziehen. Paprika sowie Peperoni waschen und entkernen. Sellerie waschen und schälen. Alles grob würfeln und im Mixer fein zerkleinern.

2. Die Bohnen in einem Sieb abbrausen, gut abtropfen lassen und mit einer Gabel in einer Schüssel zerdrücken. Gemüsemasse, Ei sowie Paniermehl zufügen, zu einem Teig verkneten, salzen, pfeffern und vier Patties daraus formen. Diese auf ein gefettetes Blech legen und für 10 Minuten in den Backofen geben.

3. Für die Avocadocreme die Avocado halbieren, den Stein entfernen, das Fruchtfleisch lösen. Den Saft der Zitrone auspressen. Alles zu einem Mus verarbeiten, salzen und pfeffern. Die Patties einmal wenden und für weitere 10 Minuten in den Backofen geben.

4. Mit dem Küchenmesser den Mais in Scheiben längs vom Kolben trennen. Das Öl in einer Pfanne erhitzen und die Maisringe anbraten. Den Salat waschen und trocken schütteln. Den Manchego reiben.

5. Die Brötchen aufschneiden. Die Brötchenunterteile mit der Avocadocreme bestreichen und einem Salatblatt belegen, die Brötchenoberteile mit Mayonnaise bestreichen. Die Patties mit dem Manchego bestreuen und 5 Minuten im Backofen überbacken. Herausnehmen und auf die Brötchenunterteile legen. Den Mais darauf verteilen, mit den Brötchenoberteilen abschließen und servieren.

Für die vegane Variante:
Das Ei gemäß Hinweis auf Seite 11 ersetzen. Den Käse durch veganen Käse ersetzen oder ersatzlos streichen.

Für die vegane Variante:
Anstatt Halloumi schmeckt auch eine nicht zu dicke Scheibe geräucherter Tofu.

EXOTIC DREAM

Perfekt für den Sommer! Perfekt für den Grill! Denn alle Zutaten können problemlos auf dem Rost zubereitet werden.

ZUTATEN

Für 2 Stück
Zubereitungszeit: 45 Minuten

1 reife Mango
1 Bund Frühlingszwiebeln
6 EL Ketchup
2 EL dunkler Balsamico
Paprika-Chili-Würzsauce
(siehe Rezept Seite 139)
oder Chilisauce nach Belieben
1 Handvoll Basilikumblätter
250 g Halloumi
3 EL Olivenöl
2 Kräuter-Pitas (siehe Rezept Seite 164)

1. Die Mango schälen, entkernen und in kleine Spalten schneiden. Die Frühlingszwiebeln waschen und das dunkle Grün sowie die Wurzelreste entfernen. In etwa 7 cm lange Stücke schneiden und beiseitestellen. Den Ketchup mit dunklem Balsamico und Paprika-Chili-Würzsauce mischen. Die Basilikumblätter waschen und trocken schütteln. Den Halloumi in fingerdicke Scheiben schneiden.

2. 1 EL Olivenöl in einer Pfanne erhitzen und die Frühlingszwiebeln bei mittlerer Temperatur unter mehrmaligem Rühren weich garen. Das restliche Olivenöl in einer zweiten Pfanne erhitzen und den Halloumi von beiden Seiten goldbraun braten.

3. Die Pitas halbieren und mit der Ketchup-Balsamico-Sauce bestreichen. Nacheinander mit Frühlingszwiebeln, Halloumi, Mangospalten und Basilikumblättern belegen, mit der oberen Pitahälfte abschließen und servieren.

PRINZESSIN EISENHERZ

Der süße Geschmack sowie das sehr eisenhaltige Amaranth verleihen diesem Burger seinen Namen. Für all die, die zum Frühstück, Brunch, Kaffee oder Nachtisch mal etwas anderes anbieten wollen.

ZUTATEN

Für 2 Stück
Zubereitungszeit: 1 Stunde

60 ml Milch
70 g Amaranth
2 EL zarte Haferflocken
½ unbehandelte Zitrone
3 cm Vanilleschote
1-2 Nelken
1 Messerspitze Zimt
1 TL Rohrohrzucker
2 reife Pfirsiche
4 Blätter Minze
1 Ei
3 EL Semmelbrösel
1 EL Rapsöl
2 Burger-Brötchen (siehe Rezept Seite 169)
4 EL Apfelkompott (aus dem Glas)

1. Milch, Amaranth, Haferflocken und 100 ml Wasser in einem Topf zum Kochen bringen. Die Zitrone heiß abspülen, Schale abreiben und unter die Masse rühren. Die Vanilleschote halbieren, auskratzen und mit dem Mark, Nelken, Zimt und Zucker unterrühren. 30 Minuten köcheln lassen, gelegentlich umrühren und eventuell Flüssigkeit nachgießen. Schote und Nelken entfernen, den Brei etwas abkühlen lassen.

2. Pfirsiche waschen, entkernen und in Scheiben schneiden. Minze waschen, trocken schütteln und in Streifen schneiden. Ei und Semmelbrösel unter den Brei rühren.

3. Rapsöl in einer Pfanne erhitzen. Zwei Portionen Brei mithilfe von zwei Esslöffeln in die Pfanne geben und von beiden Seiten knusprig braten. Etwa 5 Minuten sanft ziehen lassen.

4. Die Brötchen halbieren. Die Unterteile mit Pfirsichscheiben, Bratling, einem Klecks Apfelkompott und Minze belegen. Mit dem Oberteil abschließen und servieren.

Für die vegane Variante:
Vegane Milchalternativen verwenden und das Ei gemäß Hinweis auf Seite 11 ersetzen.

BITTER SWEET TEMPEH

Tempeh ist das Eiweißwunder der veganen Küche. Mit einem Eiweißanteil von etwa 20 Prozent und einem besonderen, unvergleichlichen Geschmack ist ihm ein Platz in unserem Kochbuch sicher.

ZUTATEN

Für 2 Stück
Zubereitungszeit: 15 Minuten plus Marinierzeit

1 Limette
5 EL Tamari
3 EL Ahornsirup
1 TL Harissa-Paste
1 TL gemahlener Koriander
50 ml Gemüsebrühe
200 g Tempeh (Rolle)
1 Grapefruit
3 TL Tahine
1 EL Agavendicksaft
2 EL weißer Balsamico
Öl zum Braten
2 Burger-Brötchen (siehe Rezept Seite 169)
2 Handvoll milde Sprossen (z. B. Alfalfa oder Mungobohnen)

1. Für die Marinade den Saft der Limette auspressen und mit Tamari, Ahornsirup, Harissa-Paste, Koriander und Gemüsebrühe verrühren. Den Tempeh in fingerdicke Scheiben schneiden und für 1 Stunde in die Marinade legen.

2. In der Zwischenzeit die Grapefruit schälen und filetieren. Für das Dressing Tahine, Agavendicksaft, Balsamico und einen Schuss Wasser miteinander verrühren.

3. Etwas Öl in einer Pfanne erhitzen. Die Tempehscheiben 2 Minuten von beiden Seiten braten. Dabei löffelweise die Marinade darüberträufeln. Einen zusätzlichen Schuss Ahornsirup zufügen und kurz karamellisieren lassen.

4. Die Brötchen aufschneiden. Auf die Hälften jeweils 1 EL Dressing verteilen. Die Brötchenunterteile mit Tempeh und Grapefruitfilets belegen. Darauf ein Nest Sprossen verteilen und das Dressing darüberträufeln. Mit dem Brötchenoberteil abschließen und servieren.

Für die vegane Variante:

Soja- oder Hafersahne verwenden. Parmesan durch Hefeflocken, Ei gemäß Hinweis auf Seite 11 ersetzen. Mit veganem Käse bestreuen.

Tipp

Die Beanballs schmecken natürlich auch als Zugabe zu Spaghetti mit Tomatensauce oder aber schlicht zu Pommes frites.

BEANBALL BURGER

Hülsenfrüchte galten in Italien aufgrund ihrer Nahrhaftigkeit als das „Fleisch des armen Mannes". Wir kreieren aus weißen Bohnen das würzige Äquivalent zu Fleischbällchen und kombinieren es mit einer pikanten Paprikasauce zu einem ganz besonderen Burger. Nach Vorbild des allseits bekannten Meatball-Sandwichs.

ZUTATEN

Für 4 Burger
Zubereitungszeit: 40 Minuten

FÜR DIE SAUCE
2 Zwiebeln
2 EL Olivenöl
1 gehäufter EL Weizenmehl
100 ml Gemüsebrühe
200 ml Schlagsahne
3 EL Ajvar
2 EL mittelscharfer Senf
Salz
frisch gemahlener Pfeffer

AUSSERDEM
4 Burger-Brötchen (siehe Rezept Seite 169)

FÜR DIE BEANBALLS
250 g weiße Bohnen (aus der Dose)
40 g getrocknete Tomaten
1 Knoblauchzehe
20 g Parmesan, mehr zum Bestreuen
40 g Paniermehl
1 Ei
1 TL getrockneter Oregano
1 TL getrockneter Basilikum
Salz
frisch gemahlener Pfeffer
2 EL Olivenöl

1. Für die Sauce die Zwiebeln abziehen und fein würfeln. Das Öl in einem Topf erhitzen und die Würfel sanft glasig anschwitzen. Mehl unterheben, mit Brühe und Sahne ablöschen. Ajvar und Senf unterrühren, kurz aufkochen, salzen, pfeffern und 20 Minuten sanft offen köcheln lassen.

2. Den Backofen auf 100 °C (Umluft) vorheizen. Für die Beanballs die Bohnen in einem Sieb abtropfen lassen und im Mixer fein pürieren. Die Tomaten in einem Sieb abtropfen lassen. Knoblauch abziehen und mit den Tomaten fein hacken. Parmesan reiben. Alles mit Paniermehl, Ei und Kräutern vermengen. Salzen und pfeffern.

3. Aus der Bohnenmasse mit feuchten Händen Bällchen mit einem Durchmesser von etwa 2,5 cm formen. Öl in einer Pfanne erhitzen, die Bällchen nacheinander von allen Seiten knusprig braun braten, vorsichtig wenden. Die Bällchen im Ofen warmhalten.

4. Die Brötchen aufschneiden. Die Unterteile mit den Beanballs belegen, mit der Paprika-Rahm-Sauce beträufeln und mit Parmesan bestreuen. Mit dem Oberteil abschließen und servieren.

PIZZA & CO.

Flammkuchen, Lahmacun, Pizza – flache belegte oder gefüllte Teigfladen sind ein fester Bestandteil der internationalen Küche geworden.

Was möglich ist, fernab der klassischen Beläge und Varianten, soll folgendes Kapitel zeigen. Übrigens behauptet man: Samstag sei der Tag, an dem weltweit am meisten Pizza gegessen wird.

BROKKOLI-NAAN

Das Wort Naan stammt aus dem iranischen Sprachraum und bedeutet „Brot". Wir füllen es mit Brokkoli und würzigen Zwiebelwürfeln. Am besten warm mit Dip genießen oder auch kalt für unterwegs.

ZUTATEN

Für 4 Stück
Zubereitungszeit: 1 Stunde

50 g Walnusskerne
1 Zwiebel
1 Knoblauchzehe
170 g Brokkoliröschen
Salz
frisch gemahlener Pfeffer
1 Portion Allround-Teig (siehe Rezept Seite 161)
4 EL Olivenöl
2 TL Schwarzkümmel

1. Den Backofen auf 50 °C (Umluft) vorheizen. Für die Brokkolimasse die Walnusskerne grob hacken und in einer Pfanne ohne Fett rösten. Die Zwiebel und den Knoblauch abziehen. Brokkoliröschen waschen, sorgfältig trocken tupfen und zusammen mit den Walnüssen, der Zwiebel und dem Knoblauch klein mixen. Mit Salz und Pfeffer abschmecken.

2. Den Allround-Teig in vier gleich große Stücke teilen. Nacheinander dünn ausrollen und die Brokkolimasse darauf verteilen. Die Seiten nach oben schlagen, zusammendrücken, den Teigling umdrehen und erneut vorsichtig ausrollen.

3. Die Fladen auf zwei mit Backpapier ausgelegte Backbleche legen, mit je 1 EL Olivenöl bestreichen und mit Schwarzkümmel bestreuen. Den Backofen ausschalten und das Backblech für 20 Minuten in den Backofen schieben. Die Temperatur auf 225 °C erhöhen. 15 Minuten im Backofen backen, herausnehmen und servieren.

Dip-Tipp: Wir empfehlen einen Limetten-Minze-Dill-Dip (siehe Rezept Seite 130)

BROKKOLI
NAAN

FLAMMKUCHEN

MIT CAMEMBERT & APRIKOSEN

*Lust auf Urlaub in Frankreich?
Damit können wir leider nicht dienen. Aber mit einem
Rezept, welches uns geschmacklich dorthin entführt.*

ZUTATEN

Für 1 Blech
Zubereitungszeit: 45 Minuten

1 Portion Allround-Teig (siehe Rezept Seite 161)
200 g Camembert
5 reife Aprikosen
30 g Walnusskerne
100 g Crème fraîche
Salz
frisch gemahlener Pfeffer
1 TL Rosmarin

1. Den Backofen auf 50 °C (Umluft) vorheizen. Den Allround-Teig sehr dünn ausrollen, die Ränder etwas einschlagen und auf ein mit Backpapier ausgelegtes Backblech legen. Den Backofen ausschalten und das Backblech für 20 Minuten in den Backofen schieben.

2. Den Camembert in Scheiben schneiden. Aprikosen waschen, halbieren, entsteinen und in Spalten schneiden. Walnusskerne grob hacken.

3. Das Blech aus dem Backofen nehmen. Den Backofen auf 225 °C vorheizen. Den Teig mit Crème fraîche bestreichen. Mit Salz, Pfeffer sowie Rosmarin bestreuen und gleichmäßig mit Camembert und Aprikosen belegen. Die Walnusskerne darauf verteilen und 8 Minuten im Backofen backen. Herausnehmen und servieren.

FLAMMKUCHEN

MIT CASHEW-OLIVEN-TAPENADE & ARTISCHOCKENHERZEN

Dass ein Flammkuchen auch ohne die obligatorische Crème fraîche funktioniert, beweist dieses Rezept. Fein pürierte, eingeweichte Cashewkerne sorgen hier für die cremige Konsistenz und Oliven sowie Artischockenherzen für einen unvergleichlich aromatischen Geschmack.

ZUTATEN

Für 1 Blech
Zubereitungszeit: 15 Minuten plus Einweichzeit

50 g Cashewkerne
1 Portion Allround-Teig (siehe Rezept Seite 161)
75 g grüne Oliven ohne Stein
75 g schwarze Oliven ohne Stein
3 EL Olivenöl
250 g eingelegte Artischockenherzen
1 Zwiebel
Salz
frisch gemahlener Pfeffer

Tipp

Wer auf den Käse nicht verzichten möchte, kann den Flammkuchen mit Schafskäse verfeinern.

1. Die Cashewkerne in 50 ml Wasser für 2 Stunden einweichen. Den Backofen auf 50 °C (Umluft) vorheizen. Den Allround-Teig sehr dünn ausrollen, die Ränder ein wenig einschlagen und auf ein mit Backpapier ausgelegtes Backblech legen. Den Backofen ausschalten und das Backblech für 20 Minuten in den Backofen schieben.

2. Die Oliven in einem Sieb gut abtropfen lassen und zusammen mit dem Olivenöl und den Cashewkernen samt Einweichflüssigkeit in einem Mixer fein pürieren. Die Artischockenherzen ebenfalls in einem Sieb abtropfen lassen. Die Zwiebel abziehen, längs halbieren und in dünne Scheiben schneiden.

3. Das Blech aus dem Backofen nehmen. Den Backofen auf 225 °C vorheizen. Den Teig mit der Cashew-Oliven-Tapenade bestreichen und gleichmäßig mit Zwiebeln und Artischockenherzen belegen. 9 Minuten im Backofen backen, herausnehmen, salzen, pfeffern und servieren.

PIZZA BIANCA MANDARINO-PISTACCIO

Eine Pizza, die Sie so garantiert noch nie probieren durften. Entgegen den sonstigen, typischen Toppings besticht dieses runde Backwerk durch süß-saure Mandarinen und den aromatischen Geschmack von Pistazien.

ZUTATEN

Für 2 runde Pizzas
Zubereitungszeit: 45 Minuten

1 Portion Allround-Teig (siehe Rezept Seite 161)
1 kleine rote Zwiebel
250 g Mozzarella
1 Dose ungesüßte Mandarinen (Abtropfgewicht 175 g)
2 TL getrockneter Oregano
1 Handvoll gehackte Pistazien
Salz
frisch gemahlener Pfeffer

Tipp

Wer es noch aromatischer mag, benutzt Büffelmozzarella.

1. Den Backofen auf 50 °C (Umluft) vorheizen. Den Allround-Teig halbieren, zu gleich großen Kreisen ausrollen und auf zwei mit Backpapier ausgelegte Backbleche legen. Den Backofen ausschalten und die Backbleche für 20 Minuten in den Backofen schieben.

2. Die Zwiebel abziehen und in dünne Scheiben schneiden. Mozzarella in einem Sieb abtropfen lassen und ebenfalls in dünne Scheiben schneiden. Mandarinen in einem Sieb abtropfen lassen.

3. Die Pizzaböden aus dem Backofen nehmen. Den Backofen auf 225 °C vorheizen. Die Pizzaböden gleichmäßig mit den Mozzarellascheiben belegen. Zwiebeln, Mandarinen und Oregano darauf verteilen und 15 Minuten im Backofen backen. Nach der Hälfte der Backzeit die gehackten Pistazien über die Pizzas streuen.

4. Die Pizzas aus dem Backofen nehmen, nach Belieben salzen und pfeffern und servieren.

Für die vegane Variante:

Den Ricotta durch Zitronen-Cashew-Mousse (siehe Rezept Seite 135) ersetzen.

AUBERGINEN-RICOTTA-TASCHEN

Warm und kalt – diese Teigtaschen sind immer ein Genuss.

ZUTATEN

Für 4 Teigtaschen
Zubereitungszeit: 1 Stunde

1 Portion Allround-Teig
(siehe Rezept Seite 161)
2 Auberginen
Salz
1 Zwiebel
1 Knoblauchzehe
4 EL Olivenöl
2 TL Harissa-Paste
1 EL Tomatenmark
1 kleine Handvoll Basilikumblätter
1 EL Minzeblätter
1 EL glatte Petersilienblätter
100 g Ricotta
frisch gemahlener Pfeffer
1 TL grobes Meersalz

1. Den Teig vierteln und oval ausrollen. Auf zwei mit Backpapier ausgelegte Backbleche legen und an einem warmen Ort gehen lassen. Den Backofen auf 225 °C (Umluft) vorheizen. Die Auberginen waschen, würfeln und in einem Sieb mit 2 TL Salz vermengen. Zwiebel und Knoblauch abziehen und fein würfeln.

2. In einem Topf 2 EL Olivenöl erhitzen. Zwiebel und Knoblauch anschwitzen. Die Harissa und Tomatenmark mit anbraten. Die Auberginen dazugeben und unter ständigem Rühren weitere 2 Minuten anbraten. 30 Minuten sanft garen, ab und zu umrühren.

3. Basilikum-, Minzeblätter sowie Petersilie waschen und trocken schütteln. Mit der Auberginenmasse grob pürieren, Ricotta unterheben, salzen und pfeffern. Die Masse mittig auf dem Teig verteilen. Den Teig an der kurzen Seite zur Mitte und dann die langen Seiten einklappen. Mit dem restlichen Öl bestreichen und Meersalz darüberstreuen. 15 Minuten goldbraun backen, herausnehmen und servieren.

Tipp

Bleibt wider Erwarten Füllmasse übrig, eignet sich diese auch hervorragend als Sauce zu einer Portion Nudeln.

PITA MARGHERITA

Die klassischste aller Pizzasorten mal anders. Namensgeberin ist übrigens Königin Margarethe von Italien, die sich gerne Pizza in den Palast bringen ließ. Nach unserer Meinung ist sie damit auch gleichzeitig die Erfinderin des Pizza-Lieferdienstes.

ZUTATEN

Für 1 Blech
Zubereitungszeit: 30 Minuten

125 g Büffelmozzarella
8–10 Kirschtomaten
3 Kräuter-Pitas (siehe Rezept Seite 164)
6 EL Blizza-Sauce (siehe Rezept Seite 136)
20 g Pinienkerne
1 Knoblauchzehe
1 Bund Basilikum
50 ml Olivenöl
20 g Parmesan
Salz
frisch gemahlener Pfeffer

1. Den Backofen auf 225 °C (Umluft) vorheizen. Den Mozzarella in einem Sieb abtropfen lassen und in kleine Stücke zupfen. Die Kirschtomaten waschen und in Scheiben schneiden. Die Kräuter-Pitas halbieren und mit der Schnittfläche nach oben auf ein Backblech legen. Die Hälften jeweils mit 1 EL Blizza-Sauce bestreichen. Die Tomatenscheiben, den Mozzarella und die Pinienkerne darauf verteilen und das Blech für 8 Minuten in den Backofen schieben.

2. Für die Basilikumpaste die Knoblauchzehe abziehen. Den Basilikum waschen, trocken schütteln und die Blätter abzupfen. Zusammen mit dem Knoblauch und dem Olivenöl im Mixer zu einer feinen Paste pürieren.

3. Die Pita Margheritas aus dem Backofen nehmen. Mit Basilikumpaste beträufeln und mit Parmesan bestreuen. Salzen, pfeffern und servieren.

MARGHERITA

VEGGIE LAHMACUN

Lahmacun bedeutet übersetzt „Fleisch mit Teig". Dies möchten wir so aber nicht hinnehmen und zeigen, dass es auch ohne Fleisch funktioniert und vor allem schmeckt. Fix geht es mit unserem hefefreien Rezept für Weizentortillas. Am schnellsten natürlich mit denen aus dem Supermarkt-Regal.

ZUTATEN

Für 6 Stück
Zubereitungszeit: 45 Minuten

1 rote Paprika
½ grüne Paprika
2 grüne Peperoni
1 Zwiebel
1 Knoblauchzehe
2 Tomaten
1 Handvoll glatte Petersilie
80 g Cashewkerne
2 EL Tomatenmark
1 TL Paprikapulver
3 EL Olivenöl
Salz
frisch gemahlener Pfeffer
6 Weizentortillas (siehe Rezept Seite 162)
1 kleiner Eisbergsalat

1. Den Backofen auf 225 °C (Umluft) vorheizen. Die Paprikas sowie die Peperoni waschen, Kerngehäuse und Stiele entfernen. Zwiebel und Knoblauch abziehen. Die Tomaten waschen und zusammen mit den Paprikas, Peperoni, Zwiebel und Knoblauch grob klein schneiden. Die Petersilie waschen, trocken schütteln und eine Handvoll Blätter abzupfen. Alles zusammen mit den Cashewkernen, dem Tomatenmark, dem Paprikapulver und dem Olivenöl in einem Mixer zu einer groben Salsa zerkleinern. Mit Salz und Pfeffer abschmecken.

2. Die Weizentortillas mit der Salsa bestreichen und im Backofen 5–8 Minuten backen. Den Eisbergsalat waschen und in Streifen schneiden. Die Fladen mit Salat belegen und zusammengerollt aus der Hand genießen.

Tipp

Selbst gemachte Tortillas müssen natürlich nicht im Backofen vorgebacken werden.

PIZZA-KARTOFFELN

Pommes oder Pizza? Sie können sich nicht entscheiden?
Versuchen Sie doch mal unsere Pizza-Kartoffeln.

ZUTATEN

Für 2 Bleche
Zubereitungszeit: 40 Minuten

400 g große, festkochende Kartoffeln
2 EL Olivenöl
80 g Emmentaler
1 Portion Blizza-Sauce (siehe Rezept Seite 136)

1. Den Backofen auf 180 °C (Umluft) vorheizen. Die Kartoffeln waschen, schälen und in etwa 3 mm dicke Scheiben schneiden oder hobeln. Mit dem Olivenöl in einer Schüssel gut mischen. Danach auf zwei mit Backpapier ausgelegte Backbleche verteilen, ohne dass sich die Scheiben überlappen. 15 Minuten im Backofen backen. In der Zwischenzeit den Emmentaler reiben.

2. Die Backbleche aus dem Backofen nehmen. Die Kartoffelscheiben mit Blizza-Sauce bestreichen und den Käse darübergeben. Weitere 12 Minuten im Backofen überbacken. Herausnehmen und servieren.

Tipp

Große Kartoffeln lassen sich leichter
als kleine Knollen belegen.

Für die vegane Variante:

Den Emmentaler durch veganen Streukäse ersetzen oder ersatzlos streichen.

Für die vegane Variante:

Den Ziegenkäse kann man durch veganen Frischkäse oder durch einen veganen Brotaufstrich ersetzen.

LAUCH-ZIEGENKÄSE-MINIS

Größe ist nicht alles. Dies beweisen auch unsere kleinen Lauch-Ziegenkäse-Pizzas, deren handliche Größe lediglich dafür sorgt, dass man jeden Bissen umso mehr genießt.

ZUTATEN

Für 10 Mini-Pizzas
Zubereitungszeit: 40 Minuten

1 Portion Allround-Teig (siehe Rezept Seite 161)
2 Stangen Lauch
2 Zwiebeln
2 Knoblauchzehen
150 g Ziegenkäse
1 EL Olivenöl
2 EL getrocknete Cranberrys
4 TL getrockneter Estragon
Salz
frisch gemahlener Pfeffer

1. Den Backofen auf 50 °C (Umluft) vorheizen. Den Allround-Teig in zehn gleich große Stücke teilen und dünn ausrollen. Auf zwei mit Backpapier ausgelegte Backbleche legen. Den Backofen ausschalten und die Backbleche für 20 Minuten in den Backofen schieben.

2. Währenddessen den Lauch waschen und in Ringe schneiden. Zwiebeln und Knoblauchzehen abziehen und in feine Würfel schneiden. Den Ziegenkäse in grobe Stücke schneiden.

3. Das Olivenöl in einer Pfanne erhitzen und die Zwiebel- und Knoblauchwürfel anschwitzen. Den Lauch zufügen und etwa 5 Minuten unter ständigem Rühren anschwitzen. Den Ziegenkäse und die Cranberrys unterrühren. Mit Estragon, Salz und Pfeffer abschmecken.

4. Den Backofen auf 225 °C (Umluft) vorheizen. Die Teigkreise großzügig mit der Lauch-Käse-Mischung bestreichen. 7 Minuten im Backofen knusprig backen, herausnehmen und servieren.

DIPS, SAUCEN & CO.

Die geheimen Stars des Fast Foods …

… mal dezent, süßlich im Hintergrund, mal aufdringlich pikant im Rampenlicht. Ohne die Dips, Saucen und Aufstriche wäre so mancher Burger zu trocken und das Geschmackserlebnis zu einseitig. Die Klassiker sind Ketchup und Mayonnaise. Aber damit möchten wir uns nicht zufriedengeben und bieten eine geballte Ladung an Rezepten und Ideen

LIMETTEN-MINZE-DILL-DIP

Mit der Frische von Limette und Minze, der herben Würze von Dill und der süßen Säure von Joghurt spricht dieser Dip viele Geschmacksknospen an. Er passt zu vielen Gerichten, aber mit Baguette ist er gerne der Hauptdarsteller.

ZUTATEN

Für 300 g
Zubereitungszeit: 10 Minuten

½ Bund Minze
½ Bund Dill
2 unbehandelte Limetten
300 g Naturjoghurt
1 TL Honig oder Agavendicksaft
Salz
weißer Pfeffer

Minze und Dill waschen, trocken schütteln, fein hacken. Limetten heiß waschen, trocken tupfen und die Schale abreiben. 2 EL Limettensaft auspressen, mit allen Zutaten glatt rühren, salzen und pfeffern. Im Kühlschrank etwa 1 Woche haltbar

ERBSEN-HUMMUS

Für das Hummus aus Kichererbsen findet man zuhauf Rezepte. Wir zeigen eine Variante aus Erbsen, die durch ihre besondere Frische besticht.

ZUTATEN

Für 250 g
Zubereitungszeit: 15 Minuten

200 g Tiefkühlerbsen
1 Knoblauchzehe
½ unbehandelte Zitrone
1 EL Tahin
1 EL Schmand
¼ TL Kreuzkümmel
¼ TL gemahlener Koriander
Salz
frisch gemahlener Pfeffer
2 EL Olivenöl

Erbsen in 100 ml kochendem Wasser 3 Minuten zugedeckt garen, abseihen. Knoblauch abziehen und würfeln. Zitrone heiß abspülen, auspressen und die Schale abreiben. Knoblauch, Zitronensaft und -schale mit den Erbsen und den restlichen Zutaten fein pürieren. Salzen, pfeffern und mit Olivenöl beträufeln. Servieren. Im Kühlschrank etwa 1Woche haltbar.

Für die vegane Variante:
Sojajoghurt verwenden.

Für die vegane Variante:
Durch den Schmand wird das Hummus sämiger, kann aber auch durch Sojajoghurt ersetzt oder ersatzlos gestrichen werden.

BLITZ-MUHAMMARA

Diese Paste stammt ursprünglich aus Syrien und wertet als Dip so manches Gericht auf. Mit gegrillten Paprikas aus dem Glas ist Muhammara schnell zubereitet und bietet, beispielsweise bei einer Grillparty, eine interessante Abwechslung neben Cocktail-, Knobi- und BBQ-Sauce.

ZUTATEN

Für 350 g
Zubereitungszeit: 15 Minuten

1 Glas gegrillte Paprika (Abtropfgewicht 270 g)
1 Knoblauchzehe
40 g Walnusskerne
2 EL Paniermehl
½ TL Kreuzkümmel
½ TL Zimt
2 TL Honig oder Agavendicksaft
2 TL rote Currypaste
1 EL Tomatenmark
50 ml Olivenöl
Salz
frisch gemahlener Pfeffer

Tipp

Wir benutzen gegrillte Paprika aus dem Glas, damit es schnell geht. Natürlich lässt sich dies auch selbst erledigen: Dafür einfach zwei rote Paprikaschoten vierteln und unter den vorgeheizten Backofengrill legen, bis die Schale schwarze Blasen wird. Die Paprika aus dem Backofen nehmen und für 15 Minuten in einen Gefrierbeutel geben. Danach die Haut mit einem Messer abziehen und nach Rezept weiter verarbeiten.

Die Paprika in einem Sieb abtropfen lassen. Knoblauchzehe abziehen. Walnusskerne grob hacken und in einer Pfanne ohne Öl rösten. Alle Zutaten in einem Mixer fein pürieren und mit Salz und Pfeffer abschmecken. Im Kühlschrank etwa 1 Woche haltbar

Serviertipp: Mit Sesamkörnern und glatter Petersilie garnieren.

ZITRONEN-CASHEW-MOUSSE

Eingeweichte Cashewkerne sind ein fester Bestandteil der veganen Küche. Man nutzt sie zum Beispiel als Ersatz für Sahne, Ricotta oder sogar für Käse zum Überbacken. Wir machen daraus eine frische Mousse und hoffen damit, auch den ein oder anderen Lakto-Vegetarier von der Vielfältigkeit der Kaschubaum-Kerne zu überzeugen. Neben ihrem wunderbar süßlichen und nussigen Geschmack sind sie ein hervorragender Lieferant von wichtigen Mineralstoffen, wie zum Beispiel Magnesium und Eisen.

ZUTATEN

Für 300 g
Zubereitungszeit: 10 Minuten plus Einweichzeit

125 g Cashewkerne
1/2 Schalotte
1/2 Knoblauchzehe
1/2 unbehandelte Zitrone
1/4 Bund Schnittlauch
Salz
weißer Pfeffer

Tipp

Die Zitronen-Cashew-Mousse ist 2–3 Tage im Kühlschrank haltbar.

1. Die Cashewkerne in einer Schüssel mit Wasser bedecken und über Nacht einweichen lassen. Schalotte und Knoblauchzehe abziehen. Die Zitrone heiß abspülen, ein wenig Schale abreiben und den Saft auspressen. Den Schnittlauch waschen, trocken schütteln und in feine Ringe schneiden.

2. Die Cashewkerne mit der Einweichflüssigkeit, Schalotte, Knoblauchzehe, einer Messerspitze Zitronenschale und 1 1/2 EL Zitronensaft im Mixer pürieren, bis eine feine Masse entsteht. Eventuell Wasser nachgießen. Mit Salz und Pfeffer abschmecken und die Schnittlauchröllchen unterrühren.

WEISSE-BOHNEN-KAPERN-DIP

Der Dip aus zwei kleinen Eiweiß- und Proteinwundern passt auch hervorragend zu Baguette. Dazu ein Glas Rotwein auf der Terrasse ...

ZUTATEN

Für 250 g
Zubereitungszeit: 10 Minuten

1 Dose weiße Bohnen (Abtropfgewicht 250 g)
½ unbehandelte Zitrone
1 EL eingelegte Kapern
3–4 eingelegte getrocknete Tomaten
2 TL getrockneter Basilikum
3 EL Olivenöl
Salz
frisch gemahlener Pfeffer

Die weißen Bohnen in einem Sieb abtropfen lassen. Den Saft der Zitrone auspressen. Zusammen mit den Bohnen, Kapern, getrockneten Tomaten, Basilikum und Olivenöl in einem Mixer fein pürieren. Mit Salz und Pfeffer abschmecken.

Tipp

Wer kein Freund von Kapern ist, kann diese durch Oliven ersetzen. Der Dip ist 2–3 Tage im Kühlschrank haltbar.

BLIZZA-SAUCE

Unsere Blizza-Sauce ist im Handumdrehen zubereitet und nicht nur auf Pizza ein Genuss.

ZUTATEN

Für 250 ml
Zubereitungszeit: 5 Minuten

1 kleine Knoblauchzehe
½ kleine Zwiebel
250 g passierte Tomaten
1 TL Honig oder Agavendicksaft
2 TL italienische Kräuter
Salz
frisch gemahlener Pfeffer

Die Knoblauchzehe und die Zwiebel abziehen. Zusammen mit den passierten Tomaten, dem Honig oder Agavendicksaft und den italienischen Kräutern in einem Mixer fein pürieren. Mit Salz und Pfeffer abschmecken.

Tipp

Reste der Blizza-Sauce einfach im Topf erhitzen und mit einer Portion Pasta genießen. Etwa 1 Woche im Kühlschrank haltbar.

HOT HOT HOT

SCHARFE PAPRIKA-CHILI-WÜRZSAUCE

Wir sind große Fans der scharfen Sriracha-Sauce aus Thailand. Leider konnten wir diese bisher nicht ohne künstliche, geschmacksverstärkende Inhaltsstoffe entdecken und brauten sie kurzerhand selbst zusammen. Bitte nur tröpfchenweise verwenden – kann weh tun.

ZUTATEN

Für 200 ml
Zubereitungszeit: 25 Minuten

200 g rote Peperoni
1 rote Paprika
2 Knoblauchzehen
2 EL Olivenöl
1 TL Salz
2 TL Honig oder Agavendicksaft
2 EL Tomatenmark
50 ml Weißweinessig

Tipp

Wer es gröber und schärfer mag, kann auch auf das Passieren verzichten. Die Würzsauce ist einige Wochen im Kühlschrank haltbar.

1. Peperoni und Paprika waschen, entstielen, Kerne sowie Zwischenwände entfernen. Knoblauch abziehen und zusammen mit Paprika und den Peperoni im Mixer klein hacken oder mit dem Messer fein würfeln.

2. Das Olivenöl in einem kleinen Topf erhitzen und die Paprika-Peperoni-Knoblauch-Mischung zufügen. Unter mehrmaligem Rühren offen köcheln lassen, bis ein Großteil der Flüssigkeit verdampft ist.

3. Salz, Honig oder Agavendicksaft, Tomatenmark, 30 ml Wasser und den Weißweinessig zufügen, aufkochen und 5 Minuten einkochen lassen. Zum Schluss durch ein feines Sieb passieren.

CHILI-KIDNEYBOHNEN-DIP

Ein schnell zubereiteter und pikanter Dip oder Aufstrich. Wir verwenden ihn zum Beispiel für die Chili-Bean-Rolls *(siehe Rezept Seite 76).*

ZUTATEN

Für 250 g
Zubereitungszeit: 15 Minuten

1 Dose Kidneybohnen (400 g)
1 kleine Zwiebel
1 Knoblauchzehe
2 EL Olivenöl
2 TL rote Currypaste
1 EL Tomatenmark
½ TL Currypulver
½ TL Chilipulver
Salz
frisch gemahlener Pfeffer

Tipp

Der Dip ist 2–3 Tage im Kühlschrank haltbar.

1. Die Kidneybohnen in einem Sieb abtropfen lassen, dabei die Flüssigkeit auffangen. Die Zwiebel und Knoblauchzehe abziehen und fein würfeln. Das Olivenöl in einem kleinen Topf erhitzen. Die Zwiebel- und Knoblauchwürfel anschwitzen. Currypaste, Tomatenmark und die Gewürze zufügen und kurz mit anrösten. Die Kidneybohnen und die Hälfte der Dosenflüssigkeit zufügen und gut vermengen.

2. Alles in einem Mixer fein pürieren und mit Salz und Pfeffer abschmecken. Gegebenenfalls kann auch noch mit Chilipulver nachgeschärft werden.

KORIANDER-MINZE-CHUTNEY

Herrlich frisch und doch pikant. Dieses Chutney überrascht mit einer sich wundervoll ergänzenden Geschmackskomposition.

ZUTATEN

Für 100 g
Zubereitungszeit:10 Minuten

2 grüne Peperoni
1 Handvoll Korianderblätter
1/2 Handvoll Minzeblätter
1 Limette
1 EL Weißweinessig
1 EL Olivenöl
Salz
frisch gemahlener Pfeffer

Die Peperoni waschen, Kerne und Innenwände entfernen. Die Koriander- und Minzeblätter waschen und trocken schütteln. Den Saft der Limette auspressen. Alles mit den restlichen Zutaten im Mixer zerkleinern und mit Salz und Pfeffer abschmecken.

ERDNUSS-INGWER-DIP

Dieser Dip mit Fernost-Note passt perfekt zu Asiatischem.

ZUTATEN

Für 250 g
Zubereitungszeit: 15 Minuten

1 Knoblauchzehe
2 cm Ingwerwurzel
1 kleine Handvoll Korianderblätter
250 g Erdnussmus
3 EL Apfelessig
2 EL Tamari
2 TL Agavendicksaft
1 TL Cayennepfeffer

Knoblauchzehe abziehen, Ingwerwurzel schälen. Den Koriander waschen und trocken schütteln. Alle Zutaten in einem Mixer fein pürieren. Nach und nach 125 ml heißes Wasser zufügen, bis der Dip die gewünschte Konsistenz erreicht hat.

Tipp

Für mehr Biss kann man grob gehackte Erdnüsse unterrühren. Der Dip ist im Kühlschrank etwa 1 Woche haltbar.

Tipp

Wer sich von der Schärfe der Peperoni nicht überraschen lassen will, kann zu milden Peperoni aus dem Glas greifen. Das Chutney ist im Kühlschrank etwa 1 Woche haltbar.

AVOCADO-KNOBLAUCH-DIP

Der etwas andere Knoblauch-Dip. Die Avocado sorgt hier nicht nur für eine besonders cremige Konsistenz, sondern auch für den außergewöhnlichen Geschmack.

ZUTATEN

Für 300 g
Zubereitungszeit: 15 Minuten

½ Bund glatte Petersilie
1–2 Knoblauchzehen
½ Avocado
250 g Naturjoghurt
1 TL Weißweinessig
Salz
weißer Pfeffer

Petersilie waschen, trocken schütteln und die Blätter abzupfen. Den Knoblauch abziehen und grob würfeln. Das Fruchtfleisch der Avocado herauslösen. Zusammen mit dem Joghurt und Weißweinessig im Mixer pürieren. Mit Salz und Pfeffer abschmecken. Im Kühlschrank 2–3 Tage haltbar.

DIJON-APRIKOSEN-DIP

Ein sehr schnell zubereiteter Dip aus Aprikosenkonfitüre. Bitte nicht geizen und Konfitüre mit hohem Fruchtgehalt verwenden.

ZUTATEN

Für 100 g
Zubereitungszeit: 5 Minuten

4 EL Aprikosenkonfitüre
1 TL süßer Senf
1 TL Dijonsenf
2 TL Apfelessig
1 TL getrockneter Thymian

Alle Zutaten miteinander verrühren.

Tipp

Der Dip hält sich im Kühlschrank etwa 2 Wochen.

Für die vegane Variante:
Sojajoghurt verwenden.

TOMATEN-PAPRIKA-RELISH

Als Dip, als Sauce oder als Brotaufstrich – dieses Relish ist vielseitig und passt zu fast allem. Am besten in großen Mengen kochen und in Einmachgläsern bevorraten.

ZUTATEN

Für 450 g
Zubereitungszeit: 50 Minuten

400 g Tomaten
1 gelbe Paprika
1 Zwiebel
1 Knoblauchzehe
2 EL Olivenöl
1 EL Tomatenmark
2 TL Ingwerpulver
25 ml Rotwein
2 TL Honig oder Agavendicksaft
Salz
frisch gemahlener Pfeffer

Tipp

Wer es gröber und schärfer mag, kann auch auf das Passieren verzichten. Die Würzsauce ist einige Wochen im Kühlschrank haltbar.

1. Die Tomaten und die Paprika waschen. Tomaten in kleine Würfel schneiden, Paprika entkernen und ebenfalls klein würfeln. Die Zwiebel sowie die Knoblauchzehe abziehen und fein würfeln.

2. Olivenöl in einem kleinen Topf erhitzen. Die Zwiebel- und Knoblauchwürfel anschwitzen. Tomatenmark und Ingwerpulver unterrühren, kurz anrösten und mit Rotwein ablöschen. Die Tomaten- und Paprikawürfel sowie den Honig oder Agavendicksaft zufügen und bei mittlerer Temperatur etwa 40 Minuten unter häufigem Rühren einkochen lassen. Mit Salz und Pfeffer abschmecken.

MANDEL-MAYONNAISE

Vegane Mayonnaise wird meist auf Sojabasis zubereitet. Wir nehmen stattdessen Mandelmus und sorgen zusammen mit den anderen Zutaten dafür, dass hier keiner ein Ei vermissen wird. Wichtig ist, raffiniertes Rapsöl zu verwenden, da dieses nahezu geschmacksneutral ist und den Gewürzen nicht die Show stiehlt.

ZUTATEN

Für 250 g
Zubereitungszeit: 10 Minuten

1 unbehandelte Zitrone
2 EL weißes Mandelmus
1 TL gekörnte Gemüsebrühe
2 TL Dijonsenf
1 TL Kurkuma
1 TL edelsüßes Paprikapulver
200 ml Rapsöl
Salz
frisch gemahlener Pfeffer

Tipp

Perfekt auch als Dressing für einen Kartoffelsalat. Einfach mit gekochten und geschnittenen Kartoffeln vermengen. In Ringe geschnittene Frühlingszwiebeln und klein gewürfelte Essiggurken zufügen. Mit Gurkenwasser, Salz und Pfeffer würzen. Die Mayonnaise hält sich im Kühlschrank etwa 1 Woche.

Die Zitrone halbieren und den Saft auspressen. Das Mandelmus zusammen mit 100 ml lauwarmem Wasser, Gemüsebrühe, Senf, Kurkuma, Paprikapulver und Zitronensaft in einem hohen Gefäß mit einem Stabmixer auf höchster Stufe pürieren. Dabei kontinuierlich das Öl zufügen, bis eine cremige Konsistenz entsteht. Mit Salz und Pfeffer abschmecken.

KRÄUTER-GÜRKCHEN-REMOULADE

Wer liebt sie nicht - die Remouladensauce. Unsere besticht durch den frischen Geschmack von Dill, Estragon und Petersilie. Mit Naturjoghurt als Basis liegt sie nicht ganz so schwer im Magen wie die übliche Konkurrenz.

ZUTATEN

Für 250 g
Zubereitungszeit: 10 Minuten

1 kleine rote Zwiebel
5 Essiggurken
1 TL Dillspitzen
2 TL Estragon
2 EL glatte Petersilie
6 EL Mayonnaise oder Mandel-Mayonnaise (siehe Rezept Seite 148)
125 g Naturjoghurt
Salz und frisch gemahlener Pfeffer

Die Zwiebel abziehen und zusammen mit den Essiggurken fein würfeln. Die Kräuter waschen, trocken schütteln und fein hacken. Die Mayonnaise mit dem Joghurt sowie den Kräutern verrühren und mit Salz und Pfeffer abschmecken. Im Kühlschrank etwa 1 Woche haltbar.

CURRY-MANDARINEN-RICOTTA

Ein fruchtiger Dip für viele Gelegenheiten. Passt gleichermaßen zu Kartoffeln, Brot und sogar zum gegrillten Fleisch etwaiger Gäste.

ZUTATEN

Für 400 g
Zubereitungszeit: 10 Minuten

½ Dose Mandarinen (Abtropfgewicht 315 g)
1 Frühlingszwiebel
125 g Ricotta
125 g Magerquark
1½ TL mildes Currypulver
Salz und frisch gemahlener Pfeffer

Die Mandarinen in einem Sieb abtropfen lassen und die Flüssigkeit auffangen. Frühlingszwiebel putzen, waschen und in kleine Ringe schneiden. Ricotta und Magerquark mit dem Currypulver und 1½ EL Mandarinensaft verrühren. Die Frühlingszwiebel sowie die Mandarinen unterrühren und mit Salz und Pfeffer abschmecken.

Für die vegane Variante:

Mayonnaise ohne Ei und Sojajoghurt verwenden.

Tipp

Der Dip hält sich im Kühlschrank 2–3 Tage. Die restlichen Mandarinen sowie der restliche Saft ergeben einen unkomplizierten Nachtisch für zwei Personen: Einfach mit 150 g Vanillepudding und 100 g Joghurt verrühren und servieren.

Für die vegane Variante:
Sojajoghurt verwenden.

Tipp

Das Pesto immer gut mit Öl bedecken und kühl aufbewahren. Dann hält es mehrere Wochen.

ROTE-BETE-MEERRETTICH-DIP

Die rote Knolle und die scharfe Wurzel. Ein unverkennbares Traumpaar vereint in einem frischen Dip.

ZUTATEN

Für 250 g
Zubereitungszeit: 10 Minuten

150 g Naturjoghurt
3 TL Meerrettichpaste
100 g vorgekochte rote Bete
(1 kleine Knolle)
Salz
frisch gemahlener Pfeffer

Den Naturjoghurt mit der Meerrettichpaste verrühren. Die rote Bete fein reiben und unterrühren. Mit Salz und Pfeffer abschmecken. Im Kühlschrank 2–3 Tage haltbar.

RUCOLA-PISTAZIEN-PESTO

Dieses Pesto überzeugt durch eine Komposition von mildem Rucola, würzigen Pistazienkernen und frischer Limette.

ZUTATEN

Für 150 g
Zubereitungszeit: 15 Minuten

30 g Pistazienkerne
30 g Rucola
15 g glatte Petersilie
1 kleine Knoblauchzehe
½ Limette
6 EL Olivenöl
1 TL Honig oder Agavendicksaft
Salz
frisch gemahlener Pfeffer

1. Die Pistazienkerne in einer heißen Pfanne ohne Öl rösten. Den Rucola sowie die Petersilie waschen und trocken schütteln. Den Knoblauch abziehen und grob schneiden. Den Saft der Limette auspressen.

2. Alles zusammen mit dem Olivenöl und dem Honig oder Agavendicksaft im Mixer pürieren. Mit Salz und Pfeffer abschmecken.

PESTO ALLA GENOVESE

Den Klassiker unter den Pestos wollen wir nicht verfälschen. Natürlich kann man je nach Geschmack die Menge einzelner Zutaten variieren, doch bleibt das Grundrezept des ligurischen Weltstars bestehen.

ZUTATEN

Für 200 g
Zubereitungszeit: 10 Minuten

30 g Pinienkerne
1 Bund Basilikum
1 Knoblauchzehe
100 ml Olivenöl
50 g Parmesan
Salz
frisch gemahlener Pfeffer

1. Die Pinienkerne in einer Pfanne ohne Öl rösten. Die Basilikumblätter von den Stielen zupfen, waschen und trocken schütteln. Die Knoblauchzehe abziehen. Alles mit dem Olivenöl in einem Mixer pürieren.

2. Den Parmesan fein reiben und unter das Pesto rühren. Mit Salz und Pfeffer abschmecken.

Tipp

Wer Zeit und Mühe sparen will, kann Basilikum aus der Tiefkühltruhe verwenden. Geröstet schmecken die Pinienkerne zwar intensiver, aber dieser Schritt kann auch eingespart werden. Das Pesto immer gut mit Öl bedecken und im Kühlschrank aufbewahren, dann bleibt es mehrere Wochen haltbar.

Für die vegane Variante:

Anstatt Parmesan die doppelte Menge Pinienkerne verwenden. Eventuell mit 2 EL weißer Misopaste würzen. Manchmal ist kein weiteres Salz nötig.

MANGO-KOKOS-SAUCE

Sonnenschein, türkisfarbenes Wasser und endlose Sandstrände … können wir leider nicht bieten. Aber ein Rezept, welches hervorragend in dieses Setting passt und schnell zubereitet ist.

ZUTATEN

Für 250 ml
Zubereitungszeit: 10 Minuten

1 Mango
1 rote Peperoni
1 Knoblauchzehe
1 cm Ingwerwurzel
1 TL Tamari
2 EL Kokosmilch
Salz

Die Mango schälen, das Fruchtfleisch vom Kern lösen und in grobe Würfel schneiden. Die Peperoni waschen, halbieren und Stiel sowie die Kerne entfernen. Die Knoblauchzehe abziehen. Die Ingwerwurzel schälen und fein reiben. Alle Zutaten im Mixer pürieren und mit Salz abschmecken.

Tipp

Die restliche Kokosmilch können Sie am nächsten Tag für den Linsen-Dal-Burrito (siehe Rezept Seite 34) verwenden. Die Sauce hält sich im Kühlschrank 2–3 Tage.

BRÖTCHEN & CO.

Obwohl es natürlich einfacher und schneller ist, gekaufte Backwaren zu verwenden, möchten wir eine Möglichkeit bieten, auch mal selbst für die Basics zu sorgen.

Wir haben dabei versucht, den üblichen Zeitfresser „Gehenlassen" auf ein Mindestmaß zu reduzieren. Bei den so hergestellten Backwaren ist es ratsam, diese direkt zu verwenden, da sie schneller austrocknen. Wer Zeit hat, darf den Teig natürlich nach dem Kneten für etwa 1 Stunde gehenlassen und dann weiterverarbeiten.

Unsere Backrezepte sind hier alle mit Weizenmehl aufgeführt, doch ist die Wahl des Mehltyps Ihnen und Ihrem Geschmack überlassen. Die benötigte Wassermenge variiert dabei leicht. Ist der Teig zu feucht, einfach noch Mehl, ist er zu trocken, Wasser zufügen.

WASSER
ALL ROUNDTEIG

ALLROUND-TEIG

Ein Teig für fast alles? Klar! Wir machen es uns einfach und vermeiden kleinliche Änderungen. Ob Flammkuchen, Pizza oder Pitas - mit diesem Rezept gelingt dies alles. Und da wir den Teig im Backofen gehen lassen, sparen wir wertvolle Zeit.

ZUTATEN

Für 1 Portion
Zubereitungszeit: 10 Minuten

½ Würfel Hefe
250 g Weizenmehl
½ TL Rohrohrzucker
1 TL Salz
2 EL Olivenöl

1. Hefe in einen Messbecher mit 125 ml lauwarmem Wasser krümeln und gut verrühren. Mehl, Zucker, Salz, Olivenöl und die aufgelöste Hefe in einer Rührschüssel mit den Knethaken eines Rührgeräts zunächst auf kleiner, dann auf höchster Stufe gründlich zu einem glatten und homogenen Teig verkneten. Wir kneten übrigens am liebsten mit den Händen. Das dauert mit ein wenig Übung auch nicht viel länger, aber macht am meisten Spaß.

2. Je nach Rezept fortfahren.

Tipp

Teig in größeren Mengen zubereiten und einfrieren. Das spart Zeit und Nerven. Einfach den aufgegangenen Teig in einem Gefrierbeutel im Gefrierschrank aufbewahren. Dort hält er sich bis zu 6 Monate. Wenn er gebraucht wird, über Nacht im Kühlschrank oder in einer abgedeckten Schüssel auftauen und gehen lassen.

WEIZENTORTILLAS

Wer einmal selbst gemachte Tortillas probiert hat, wird sie nie wieder missen wollen.

ZUTATEN

Für 6 Fladen
Zubereitungszeit: 50 Minuten

350 g Weizenmehl
180 ml Wasser
1 TL Salz
6 EL Olivenöl

1. Weizenmehl, Wasser und Salz in einer großen Schüssel zu einem glatten Teig verrühren und für 30 Minuten ruhen lassen.

2. Den Teig in sechs gleich große Stücke teilen und auf einer bemehlten Arbeitsfläche dünn und kreisrund ausrollen.

3. 1 EL Olivenöl in einer beschichteten Pfanne erhitzen. Ein Teigfladen bei hoher Temperatur von beiden Seiten etwa 1 Minute braten, bis der Teig Blasen wirft. Dabei darauf achten, dass die Tortillas nicht knusprig werden. So auch mit den restlichen Fladen verfahren.

KRÄUTER-PITAS

Für die handlichere Variante des Fladenbrots gibt es unzählige kreative Verwendungsmöglichkeiten. Durch die Kräuter schmeckt das Brot herrlich mediterran und lädt dazu ein, auch einfach mal nur mit Dip genossen zu werden.

ZUTATEN

Für 4 Pitas
Zubereitungszeit: 45 Minuten

1 Portion Allround-Teig (siehe Rezept Seite 161)
2 EL Olivenöl
2 TL getrocknete italienische Kräuter

1. Den Backofen auf 50 °C (Umluft) vorheizen. Den Allround-Teig vierteln und auf einer bemehlten Arbeitsfläche zu handflächengroßen Kreisen mit einer Dicke von etwa 1 cm ausrollen. Mit Olivenöl bestreichen und italienischen Kräutern bestreuen.

2. Den Backofen ausschalten. Den Teig auf ein mit Backpapier ausgelegtes Backblech legen und zusammen mit einer feuerfesten Schale mit Wasser in den Backofen schieben. Den Teig 20 Minuten gehen lassen. Die Temperatur auf 225 °C erhöhen und 15 Minuten backen.

Tipp

Sie können auch frische Kräuter verwenden. Dafür die gebackenen Pitas mit Olivenöl bestreichen und mit den klein gehackten Kräutern bestreuen.

FLADENBROT

Das Fladenbrot ist weltweit die am weitesten verbreitete Zubereitungsart von Brot. Wir machen daraus die in Dönerbuden gern verwendete türkische Hefeteigvariante mit Sesam und Schwarzkümmel. Das Topping kann natürlich nach Belieben angepasst werden.

ZUTATEN

Für 2 Fladenbrote (Durchmesser 20 cm)
Zubereitungszeit: 50 Minuten

1 Portion Allround-Teig (siehe Rezept Seite 161)
1 EL Olivenöl
1 TL Schwarzkümmel
1 TL Sesamkörner

1. Den Backofen auf 50 °C (Umluft) vorheizen. Den Allround-Teig halbieren und mit den Händen zu etwa 2 cm dicken Fladen formen. Die Teiglinge am besten wie ein Lenkrad in den Händen drehen und dabei vorsichtig auseinanderziehen. Mit Olivenöl bestreichen, Schwarzkümmel sowie Sesamkörner darüberstreuen.

2. Den Backofen ausschalten. Den Teig auf ein mit Backpapier ausgelegtes Backblech legen und zusammen mit einer feuerfesten Schale mit Wasser in den Backofen schieben. 20 Minuten gehen lassen. Dann die Temperatur auf 225 °C erhöhen und 20 Minuten backen.

Tipp

Wer eine weichere Kruste mag, schlägt die Fladenbrote nach dem Backen für einige Zeit in ein feuchtes Geschirrtuch ein.

COKE

BURGER-BRÖTCHEN

Auch bei Burger-Brötchen scheiden sich die Geister. Manche mögen es luftig weich, manche vollkornig fest. Wir versuchen, es allen recht zu machen, und entscheiden uns für die goldene Mitte.

ZUTATEN

Für 4 Brötchen
Zubereitungszeit: 50 Minuten

1 Portion Allround-Teig (siehe Rezept Seite 161)
2 EL Olivenöl
2 TL Sesamkörner

1. Backofen auf 50 °C (Umluft) vorheizen. Den Teig in vier gleich große Stücke teilen. Diese jeweils zu Kugeln formen und daumendick flachdrücken. Mit Olivenöl bestreichen und Sesamkörner darüberstreuen.

2. Den Backofen ausschalten. Die Teiglinge auf ein mit Backpapier ausgelegtes Blech legen und zusammen mit einer feuerfesten Schale mit Wasser in den Backofen schieben. 20 Minuten gehen lassen. Dann die Temperatur auf 225 °C erhöhen und 20 Minuten backen.

Tipp

Wer eine weichere Kruste mag, schlägt die Burger-Brötchen nach dem Backen für einige Zeit in ein feuchtes Geschirrtuch ein.

LAUGENBRÖTCHEN

Für die Laugenbrötchen brauchen wir etwas mehr Geduld. Hier müssen wir den Teig wie gewohnt gehen lassen, damit die Brötchen im Laugenbad nicht zusammenfallen. Das Ergebnis: innen luftig und außen knusprig.

ZUTATEN

Für 4 Brötchen
Zubereitungszeit: 70 Minuten

1 Portion Allround-Teig (siehe Rezept Seite 161)
2 EL Salz
30 g Natron (1 Päckchen)

1. Den Backofen auf 50 °C (Umluft) vorheizen. Den Allround-Teig in eine Schüssel geben und mit einem Küchentuch abdecken.

2. Den Backofen ausschalten, die Lampe aber eingeschaltet lassen. Den Teig 20 Minuten gehen lassen, herausnehmen, kurz durchkneten und in vier gleich große Stücke teilen. Diese zu Kugeln formen und zu ovalen Formen mit einer Dicke von 2–3 cm drücken. Auf ein mit Backpapier ausgelegtes Backblech legen und 15 Minuten bei eingeschaltetem Backofenlicht gehen lassen.

3. In der Zwischenzeit 1 l Wasser in einem großen Topf zum Kochen bringen. Salz und Natron zufügen. Vorsicht: Das Wasser schäumt stark auf! Das Backblech mit den Teiglingen aus dem Backofen nehmen. Den Backofen auf 225 °C vorheizen.

4. Die Teiglinge vorsichtig in das kochende Wasser geben und jeweils 30 Sekunden von beiden Seiten ziehen lassen. Vorsichtig mit einer Schaumkelle herausnehmen, abtropfen lassen und auf das Backblech legen. 15 Minuten im Backofen fertig backen.

Tipp

Achtung: Gekauftes Laugengebäck wird oft mit Schweineschmalz hergestellt. Der Bäcker kann Auskunft geben.

BAGEL BABY

BAGELS

Das runde Gebäck mit dem markanten Loch in der Mitte besticht durch ein festes Äußeres und ein weiches Inneres. Dafür muss es für kurze Zeit ins Wasserbad und braucht, wie auch die Laugenbrötchen, etwas mehr Gehzeit.

ZUTATEN

Für 4 Bagels
Zubereitungszeit: 50 Minuten

1 Portion Allround-Teig (siehe Rezept Seite 161)
Topping für die Bagels (z. B. Sesam, Mohn, Kürbiskerne)

1. Den Backofen auf 50 °C (Umluft) vorheizen. Den Allround-Teig in eine Schüssel geben und mit einem Küchentuch abdecken.

2. Den Backofen ausschalten, die Lampe aber eingeschaltet lassen. Den Teig 20 Minuten gehen lassen, herausnehmen, kurz durchkneten und in vier gleich große Stücke teilen. Diese zu Kugeln formen, mittig mit dem Zeigefinger ein Loch durchstechen und dieses durch eine kreisende Bewegung ausweiten. Der Durchmesser des Lochs darf gerne auf 5–6 cm ausgeweitet werden, da der Teig noch stark aufgeht.

3. Die Teiglinge auf ein mit Backpapier ausgelegtes Backblech legen und in den Backofen schieben. 15 Minuten bei eingeschaltetem Backofenlicht gehen lassen. In der Zwischenzeit 1 l Wasser in einem großen Topf zum Kochen bringen.

4. Die Teiglinge aus dem Backofen nehmen. Den Backofen auf 225 °C vorheizen. Die Bagels vorsichtig in das köchelnde Wasser geben und von jeder Seite etwa 1 Minute ziehen lassen. Vorsichtig mit einer Schaumkelle herausnehmen, abtropfen lassen und auf das Backblech legen. Je nach Geschmack mit Sesam, Mohn, Kürbiskernen oder Käse bestreuen. Etwa 17 Minuten im Backofen fertig backen.

TOASTBROT

Warum kaufen, wenn es doch so einfach selbst zubereitet ist. Mit unserem Allround-Teig und etwas Geduld beim Backen duftet es ruck, zuck nach frischem Brot. Und auch geschmacklich steht es dem Gekauften in nichts nach.

ZUTATEN

Für eine 24-cm-Kastenbackform
Zubereitungszeit: 1 Stunde 15 Minuten

2 Portionen Allround-Teig (siehe Rezept Seite 161) ohne Olivenöl
50 g Margarine

1. Den Backofen auf 50 °C (Umluft) vorheizen. Den Allround-Teig vorbereiten, aber anstatt Olivenöl 50 g weiche Margarine in den Teig kneten.

2. Den Backofen ausschalten. Die Kastenbackform mit Margarine einfetten und den Teig darin verteilen. Zusammen mit einer feuerfesten Schale mit Wasser in den Backofen schieben.
20 Minuten gehen lassen. Dann die Temperatur auf 200 °C hochdrehen. 45 Minuten backen und aus dem Backofen nehmen. Mit der Faust dagegen klopfen: Klingt es hohl, ist das Brot fertig.

Tipp

Wer eine weichere Kruste mag, schlägt das Toastbrot nach dem Backen für einige Zeit in ein feuchtes Geschirrtuch ein.

DRINKS & CO.

Zu anständigem Fast Food gehört auch das passende Getränk.

Limonade und Cola fallen einem hierbei natürlich
als Erstes ein. Für eben diese möchten wir zwei

LIMO
BABY
LIMO

ZITRONEN-INGWER-LIMONADE

Limonade muss nicht zwangsläufig ungesund sein. Diese Variante enthält zwar auch einiges an Zucker, aber auch sehr viel an Vitamin C. Zusammen mit den Inhaltsstoffen des Ingwers wird dadurch das Immunsystem gestärkt.

ZUTATEN

Für etwa 500 ml
Zubereitungszeit: 15 Minuten

100 g Ingwer
2 unbehandelte Zitronen
100 g Rohrohrzucker

1. Den Ingwer schälen. Die Zitronen heiß abspülen. Beides in grobe Stücke schneiden und mit 250 ml Wasser im Mixer zerkleinern.

2. 100 g Rohrohrzucker und 100 ml Wasser in einem kleinen Topf bei geringer Temperatur unter ständigem Rühren zu einem Sirup einkochen. Sobald sich der Zucker gelöst hat, die Zitronen-Ingwer-Mischung in ein sauberes Küchentuch geben und die Flüssigkeit in den Sirup-Topf ausdrücken. Abkühlen lassen.

3. Mit Sprudelwasser verdünnt servieren.

Serviertipp: Mit klein gehackten Minzeblättern servieren.

GEWÜRZ-COLA

Mittlerweile findet man zwar ohne aufwendige Suche das für sehr lange Zeit hochgeheime Rezept der schwarzen Brause mit dem rot-weißen Schriftzug im Internet. Das ist uns aber mit seinen vielen Zutaten zu kompliziert, und vereinfacht schmeckt es uns genauso gut, wenn nicht sogar besser.

ZUTATEN

Für etwa 500 ml
Zubereitungszeit: 45 Minuten

2 unbehandelte Orangen
2 unbehandelte Limetten
3 cm Ingwerwurzel
4 cm Vanilleschote
1 Spitze Sternanis
2 Nelken
½ TL gemahlener Kardamom
1 Prise Zimt
200 g Rohrohrzucker

1. Für die Gewürzflüssigkeit die Orangen und Limetten heiß abwaschen. Die äußere Schale mit einem Sparschäler entfernen, klein hacken und in einen kleinen Topf geben. Den Saft auspressen und mit Wasser auf 500 ml auffüllen. Die Ingwerwurzel schälen und klein schneiden. Die Vanilleschote halbieren, die Sternanisspitze zerdrücken. Alles zusammen mit den Nelken, dem Kardamom, Zimt, Orangen- und Limettensaft aufkochen und 15 Minuten leicht köcheln lassen.

2. In der Zwischenzeit den Zucker in einem weiteren Topf bei mittlerer Temperatur langsam unter ständigem Rühren karamellisieren lassen, bis er flüssig ist und schon leicht bräunlich wird. Vom Herd nehmen und die Gewürzflüssigkeit durch ein Sieb zugießen. Achtung: spritzt und schäumt. Weiterrühren, bis sich der Zucker komplett aufgelöst hat.

3. In eine saubere verschließbare Glasflasche füllen und abkühlen lassen. Mit Sprudelwasser verdünnt servieren.

COKE

Rezeptregister

Stichwortregister

Dank

Vielen Dank!

Wie bei allen Büchern steckt nicht nur der Autor hinter dem Werk, sondern eine ganze Reihe an anderen Personen, die an der Verwirklichung beteiligt waren. Wir möchten diese Seite nutzen, um diese Personen zu erwähnen und ihnen zu danken.

Wir danken zunächst den Rezepttestern Katharina und Uschi, die mutig diverse Rezepte ausprobierten und so manchen Fehler aufdecken konnten. Ein weiterer Dank gilt allen, die uns ihre Hilfe als Tester zwar angeboten hatten, die wir allerdings nicht mehr erhören konnten oder wollten. ☺
Ein besonderer Dank gilt unseren Eltern, die sich grundsätzlich um viele Dinge kümmern und bemühen und uns so viel Luft verschafften, um am Buch arbeiten zu können.

Wir danken unserer kleinen Tochter Carla, dass sie wenigstens manchmal früh ins Bett gegangen ist, um uns Zeit zum Kochen zu schenken. Doch vor allem danken wir ihr für jeden der vielen schönen Momente, die sie uns schenkt und die uns Tag für Tag motivieren, das Leben zu genießen.

Marion möchten wir danken für die großartige Hilfe und Unterstützung beim Exposé und der Bewältigung von bürokratischem Neuland.

Franzi gebührt der Dank für die schöne Gestaltung und den Elan, der dahintersteckte.

Dem Christian Verlag, im speziellen Frau Heinel, möchten wir für die aufregende Chance danken, dieses Buch veröffentlichen zu dürfen.

Und zu guter Letzt geht ein ganz großer Dank an Sie, für den Kauf unseres Buches und das damit verbundene Interesse daran. Wir hoffen, Sie wurden nicht enttäuscht und werden noch öfter Rezepte daraus genießen können.

Impressum

Produktmanagement: Annemarie Heinel
Textredaktion: Susanne Gottschlich
Korrektur: Asta Machat
Layout und Satz: Franziska Detlof
Illustration: Franziska Detlof
Umschlaggestaltung: Franziska Detlof
Repro: Repro Ludwig, Zell am See
Herstellung: Bettina Schippel
Text und Rezepte: Clarissa und Florian Sehn
Fotografie: Maria Brinkop
Foodstyling: Fotobrinkops Team
Assistenz: Kai Dönges
Alle Fotos stammen von Maria Brinkop, außer Seite 6 und hintere Klappe oben Patrick Pees.

Printed in Italy by Printer Trento, Trento

★ ★ ★ ★ ★

Sind Sie mit diesem Titel zufrieden? Dann würden wir uns über Ihre Weiterempfehlung freuen. Erzählen Sie es im Freundeskreis, berichten Sie Ihrem Buchhändler, oder bewerten Sie bei Onlinekauf. Und wenn Sie Kritik, Korrekturen, Aktualisierungen haben, freuen wir uns über Ihre Nachricht an:
Christian Verlag, Postfach 40 02 09, D-80702 München oder
per E-Mail an lektorat@verlagshaus.de.

Die Deutsche Nationalbibliothek verzeichnet diese Publikation in der Deutschen Nationalbibliografie; detaillierte bibliografische Daten sind im Internet über http://dnb.d-nb.de abrufbar.

ISBN 978-3-86244-667-4

Ebenfalls erhältlich ...

ISBN 978-3-86244-694-0

ISBN 978-3-86244-668-1

ISBN 978-3-86244-697-1

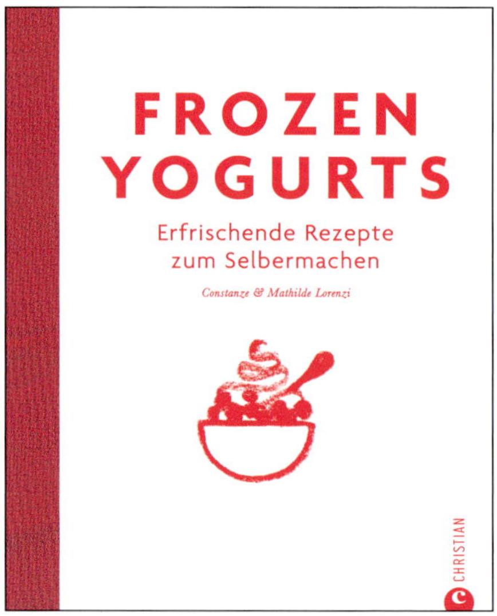

ISBN 978-3-86244-638-4

CHRISTIAN
www.christian-verlag.de